Martin Kämpchen
wahrhaftig sein

MARTIN KÄMPCHEN

wahrhaftig sein

7 Schritte zur Lebenskunst

Patmos Verlag

Inhalt

Vorwort

Seit meiner Studienzeit in Wien treiben mich die Fragen um:
Wie soll ich leben?
Wie lebe ich richtig?
Was muss ich tun, um mein Leben zu erfüllen?

Diese Fragen haben mich nicht verlassen, sie begleiten mich durch die Höhen und Tiefen meines Lebens, ich stelle sie fast täglich. Von Anfang war mir bewusst, dass ich den Boden meines christlichen Glaubens, in dem ich eingewurzelt bin, nicht verlassen könne. Aber rundum wartete die Welt.

Ich studierte moderne deutsche Literatur, Theaterwissenschaft und Philosophie. Jeden Abend besuchte ich entweder ein Konzert, eine Oper oder ein Theaterstück. Stehplätze waren billig und man konnte sie als Student an der Universität abholen. Ich wollte so viel lesen, sehen, hören und erleben wie möglich, um durch Erfahrungen meinen Fragen näherzukommen. Die Unruhe trieb mich einen Sommer lang nach Indien, wozu mir ein Stipendium verhalf. In Indien entdeckte ich, dass ich dort Erfahrungen machen konnte, die in Europa unmöglich waren, und ich entschloss mich, nach dem Studium für ein, zwei Jahre nach Indien zurückzukehren.

In Wien ging mir in der ukrainisch-katholischen Kirche Sankt Barbara das Licht einer neuen Glaubenserfahrung auf. Ich besuchte die Liturgie des heiligen Chrysostomos jeden

Morgen und fühlte mich in ihrer Mystik tief aufgehoben. Gern wäre ich Mönch geworden und besuchte die Klöster mehrerer Orden in Österreich, Deutschland und später in Indien. Doch lernte ich, dass ein von außen reglementiertes Leben meiner Entfaltung als kreativer Mensch nicht förderlich wäre. Ich brauchte die Freiheit, mir meine eigene Disziplin aufzuerlegen. Um sie habe ich ein Leben lang gekämpft und kämpfe bis heute.

In Indien wohnte ich zunächst zusammen mit Hindu-Mönchen der Ramakrishna-Mission in der Nähe von Kalkutta, dann mit indischen Jesuiten in Madras (heute Chennai). Ich konnte mich von Indien nicht lösen. Ein Grund war, dass ich hier ideale Voraussetzungen für meinen Beruf vorfand. Nie wollte ich anderes als schreiben und es in Freiheit tun. In Indien wurde ich Schriftsteller und befand mich inmitten des faszinierendsten Erlebnisfeldes, das ich mir wünschen konnte: der indischen Wirklichkeit – Indiens Leben, seine Religionen und Kulturen. Nie habe ich über etwas anderes schreiben wollen. Oft fuhr ich nach Europa, aber hauptsächlich, um durch Vorträge und Seminare Indien vorzustellen und danach zurückzukehren.

Dieses Buch ist ein *Lebensbuch*. Seitdem ich mir diese Fragen stellte *Wie soll ich leben? – Wie lebe ich richtig? – Was muss ich tun, um mein Leben zu erfüllen?* habe ich Antworten gesucht, indem ich mir Themen oder Grundworte setzte. Was ist mir am wichtigsten? *Ein einfaches Leben?* – Ja! Das ist immer maßgeblich für mich gewesen. *Muße?* – Ja, sie ist so bedeutsam als Antwort auf die Überwältigung durch das moderne Leben in Europa wie in Indien. *Dankbarkeit?* – Ich habe Grund zur Dankbarkeit! Über vierzig Jahre konnte ich dieses Land erleben und mit so vielen Menschen in engen

Kontakt kommen. *Freundschaft?* – Haben sich nicht wesentliche Beziehungen in Indien angebahnt, mit jenen Menschen, die so weltoffen, so unmittelbar und begeisterungsfähig sind? *Glück?* – Habe ich nicht auch das Glück gesucht und suche es weiterhin? Aber nicht in Äußerlichkeiten. Wo also finde ich es?

Auch Treue, Weisheit, Mut waren mir wichtig, und sie waren ursprünglich als eigenständige Kapitel geplant. Ich las viel, machte Exzerpte und Kopien, schrieb Notizen, die ich nach Themen ordnete. Über Jahrzehnte begleitete mich dieses Projekt. Lange fühlte ich mich nicht bereit, über philosophisch-religiöse Lebensthemen aus der eigenen Erfahrungsperspektive zu schreiben. Das verlangt eben genügend Erfahrung und Reife, und nie ist man sicher, ob beides ausreicht. Mut braucht es, sein Inneres zu entblößen und von Gott und den wesentlichen Dingen des eigenen Lebens zu sprechen. Jahrzehnte hatte ich über den Hinduismus geschrieben und das Wort »Gott« und »Seele« benutzt. Jetzt aber hieß es: Wer ist *mein* Gott? Was glaube *ich*? Wie kann ich meine Erfahrungen mitteilen, sodass sie bei anderen Menschen weiterwirken?

Im Jahr 2008 hielt ich in Wien einen Vortrag über *Trauer und Versöhnung.* Das Thema hatte das Kardinal-König-Haus gewünscht. Danach wagte ich, ein Thema nach dem anderen als Vortrag anzubieten. Das gesammelte Zuhören und anschließend die langen Diskussionen bekräftigten mich in dem Eindruck, dass ich etwas sagte, das viele hören und bedenken wollten.

Mein letztes Thema, *Erinnern und Vergessen,* schließt die Reihe jener Grundworte ab, nach denen ich mein Leben zu gestalten versuche. Es fällt scheinbar aus dem Rahmen. Erinnern und Vergessen sind keine Tugend, keine Fähigkeit, keine Haltung, die ich beachten soll und einüben kann. Warum dieser Abschluss? In ihm denke ich über die vorherigen Themen noch einmal aus einer ungewöhnlichen Perspektive nach: Ein bestimmtes Erlebnis hatte mir mit Erschrecken deutlich gemacht, wie schwankend unsere Wirklichkeit ist, mit wie vielen Wirklichkeiten wir umgehen, wenn wir bewusst die normalen Prozesse von Erinnerung und Vergessen einbeziehen. Es zeigte mir, wie sehr wir uns unserer soliden existenziellen und geistigen Grundlagen vergewissern müssen, bevor wie daran denken können, Tugenden, Fähigkeiten und Haltungen zu untersuchen und einzuüben.

Warum lautet der Buchtitel *wahrhaftig sein?* Als ich darüber nachdachte, welche Grundhaltung alle meine Lebensthemen durchflutet und färbt, war mir nur die Anwort möglich: *Wahrhaftigkeit.* Im Zusammenhang mit dem Glück schreibe ich ausdrücklich über sie, doch auch in den übrigen Kapiteln bemühe ich mich darum, die Themen nie oberflächlich und konventionell zu betrachten, sondern tiefer zu schauen, bis auf den Grund zu kommen. Was ich auch darstellen mag, die Freundschaft, die Dankbarkeit oder die Einfachheit, es soll wahrhaftig und mit Leidenschaft geschehen.

In keinem der sieben Kapitel fehlt Indien. Die dort gesammelten Erfahrungen flechte ich hinein. Bestimmte philosophische Grundbegriffe wie *karma*, *māyā* und *pūjā* erscheinen in mehreren Kapiteln; sie haben mein christliches Verständnis bereichert. Schließlich komme ich immer, beinahe jedem Grundwort zugeordnet, auf die Triade *Gnade*, *Intuition* und *Meditation* zu sprechen.

Die meisten Kapitel enden mit der Frage, was Bestand hat, worauf wir inmitten schwankender Wirklichkeiten bauen können. Darauf versuche ich Antworten zu finden, die uns helfen.

Santiniketan, im März 2016

I
Einfachheit

Einfachheit beginnt mit der Schöpfungsgeschichte. Zuerst schuf Gott Licht, das er vom Dunkeln schied; dann schied er das Wasser von der Erde. Danach schuf er das Himmelsgewölbe, das heißt den Raum, in dem die Schöpfung enthalten ist, und die Sterne. Er schuf die Pflanzen auf der Erde und die Tiere im Wasser und der Luft und auf der Erde. So ist die Schöpfung Tag für Tag herangewachsen und hat sich organisch von Schöpfungstat zu Schöpfungstat entfaltet. Danach heißt es: »Gott sah alles an, was er gemacht hatte: Es war sehr gut« (Genesis 1,31).

Der stärkste Eindruck, den diese Geschichte hinterlässt, ist der einer übergreifenden *Ordnung*. Sie ist nicht arithmetisch oder geometrisch, sie baut also nicht mit Zahlen und geraden Linien oder Winkeln auf. Diese Ordnung entsteht, indem wie aus einem Samenkorn zuerst die Elemente entstehen, also Feuer (Licht) und Wasser und Erde. Luft ist nicht eigens erwähnt, sie erhält aber eine sakramentale Bedeutung, wenn es im zweiten Kapitel der Genesis heißt, dass Gott dem Menschen seinen »Odem« einhaucht.

Aus diesen Elementen entstehen als Nächstes die Pflanzen, die von dem Licht und der Erde ihre Nahrung empfangen, und die Tiere, die sich von den Pflanzen ernähren. Ebenso werden die Tiere geschaffen, die im Wasser und vom

Wasser leben. Zuletzt entsteht der Mensch, der inmitten der Elemente, der Pflanzen und Tiere seinen Lebensraum findet. Diese Ordnung ist eine *organische* – eines entwickelt sich aus dem anderen; es ist keine *additive Ordnung*, bei der eines zum anderen gehäuft wird, ohne dass sich die Teile zu einem Ganzen verbinden. Diese organische Ordnung hat zur Folge, dass die einzelnen Teile der Schöpfung aufeinander angewiesen sind, dass also die Basis die darauf aufbauende Schöpfung am Leben erhält und dass umgekehrt die lebendige Schöpfung zur Basis – den Elementen – zurückkehrt. Dieser Kreislauf von Geben und Empfangen, dieses Sich-Auseinanderfalten und Wieder-Zurückkehren der Schöpfung beschreibt das einfachste Ordnungsprinzip – es ist die Ordnung der Einfachheit.

Der indische Schöpfungsmythos erzählt von einer ähnlichen Einfachheit des Gebens und Empfangens, allerdings ist sie noch eindeutiger. Aus dem Nabel des Schöpfergottes Brahma wächst die Welt hervor, wie ein Lotos, der seine zahllosen Blütenblätter nacheinander entfaltet. Am Ende eines Zeitalters, nachdem die Energie des kreativen Impulses aufgebraucht ist, löst Gott Shiva die Welt wieder auf. Shiva nennt man den Zerstörergott, doch eigentlich zerstört er nicht, sondern er faltet die kraftlose Schöpfungsmaterie wieder zusammen, sie wird zum Ungestalteten oder – in der Sprache der Genesis – zu den »Urwassern«. Als ungestaltet-undifferenzierte Potenz regeneriert sich die Schöpfung, bis sie sich zum Beginn eines neuen Zeitalters wieder aus der Potenz in die Manifestation entfaltet.

Was haben die Schöpfungsmythen mit dem Thema der Einfachheit zu tun? Die alttestamentarische wie die Hindu-Schöpfungsmythe schildern anschaulich, wie eine einfache Lebensweise in unserem Alltag aussehen kann. Wir entwickeln aus uns selbst heraus, was wir zum Leben notwendig haben: Wir haben einen Körper, den wir gegen Hitze und Kälte schützen müssen – also brauchen wir Kleider. Wir haben ein angeborenes Schamgefühl – also bedecken wir unsere Blößen. Wir brauchen Nahrung, um unseren Hunger, Wasser, um unseren Durst zu stillen. Wir brauchen Häuser, um uns gegen das Wetter zu schützen. Wir brauchen auch Bilder an der Wand und Schönheit in unserem Lebensumkreis, weil wir ein angeborenes ästhetisches Empfinden besitzen. Ähnlich haben unsere emotionalen, intellektuellen und seelischen Kräfte natürliche Bedürfnisse, die wir befriedigen sollen.

So kann sich der Mensch aus seinen echten, natürlichen Bedürfnissen heraus eine einfache Lebensweise schaffen. Eines baut organisch und notwendig auf dem anderen auf. Wer diese Art, Einfachheit zu verstehen, verinnerlicht hat, kann entscheiden, was *nicht* notwendig ist und darum auch nicht zum einfachen Leben gehört. Nicht zur Einfachheit gehören Dinge, die von außen hinzukommen, die sich zum Leben addieren, ohne zu ihm zu gehören und ins wesentliche Leben integriert werden können.

Als Gott der Schöpfer um sich blickte und sah, dass alles gut war, hatten Natur und Menschen gerade so viel, wie sie zum würdigen und erfüllten Leben brauchten. Als sich nach dem Hindu-Mythos die Schöpfung aus dem Nabel Brahmas vollständig entfaltet hatte, befand sich die Schöpfung im Gleichgewicht: Jedes Geschöpf besaß so viel zum Leben wie notwendig und nahm keinen anderen Geschöpfen deren Lebenskraft weg. Das sehe ich als den vollkommenen Zustand der Einfachheit an.

Wie können wir im praktischen Leben eine solche Einfachheit herstellen – oder *wieder* herstellen? Die von außen hinzugekommenen Dinge, die uns immer mehr beschweren und uns zu erdrücken drohen, können abgebaut werden, sodass nur bestehen bleibt, was aus einem deutlichen Bedürfnis heraus notwendig ist. Diesen Unterschied zwischen echten, das Wesen der Menschen betreffenden Bedürfnissen und dem äußerlichen Ballast zu erkennen, das ist die eigentliche Herausforderung.

Uns ist mit den Schöpfungsmythen als Archetyp des einfachen Lebens deutlich geworden, dass Einfachheit durch einen *Willen zur Ordnung* entsteht. Wer Einfachheit sucht, glaubt an eine *Rangordnung der Werte*, das heißt, an eine Rangordnung innerhalb der Schöpfung und entsprechend an eine Rangordnung in dem, was gut und wichtig im eigenen Leben ist und was weniger oder nicht wichtig ist. Einfachheit ist niemals apodiktisch im Sinne, dass sie etwas radikal ablehnt und ein anderes unbesehen zulässt, sondern das einfache Leben folgt der *Intuition*, die entscheidet, was auf den verschiedenen Ebenen des Lebens notwendig ist und was in einer gegebenen Situation wichtiger ist als etwas anderes. Menschen, die das einfache Leben verwirklichen wollen, entscheiden von Tag zu Tag und von Situation zu Situation neu, was ein solches Leben von ihnen verlangt.

Maßgebend ist hier das Wort Intuition. Sie ist ein innerer Kompass, mit dem die jeweils angemessene Weise der Einfachheit bestimmt werden kann. Intuition ist jene Instanz, die unser rationales Denken und unsere Gefühlswelt überragt und über sie wacht und bemüht ist, sie kreativ zu den richtigen Entscheidungen zu führen. Wir müssen nur bereit sein, die Signale der Intuition zu empfangen, und den Mut besitzen, ihnen zu folgen, auch gegen unser rationales und vom Gefühl kontrolliertes »besseres Wissen«. Mahatma Gandhi (1869–1948) hat diese Instanz der Intution *the still small voice* in unserem Innern genannt.[1]

Die Einfachheit der Lebensweise, die wir anstreben, ist einerseits so natürlich und folgerichtig, weil sie einzig der Gesetzmäßigkeit des schöpferischen Prozesses folgt; anderseits ist diese Einfachheit so schwierig zu finden und zu behaupten, weil es in unserer modernen Welt *mächtige Gegenströmungen* gibt, die diese Einfachheit als primitiv, unpraktisch, antimodern, unklug, »uncool« und dergleichen erscheinen lässt. Einfachheit genießt geringes Prestige. Darum ist die Klarheit und Strenge der Intuition als Begleitinstanz so wesentlich.

Voraussetzungen der Einfachheit

Hier einige Voraussetzungen für eine praktisch erfüllte Einfachheit.

Einfachheit ist nur möglich, wenn *kein Mangel* herrscht. Unsere Grundbedürfnisse müssen gestillt sein. Nahrung, Kleidung, Unterkunft, Gesundheitsfürsorge, Arbeit, das Leben der Familie müssen gesichert sein. Nur wenn dieses sozi-

---

[1] »The only tyrant I accept in this world is the ›still small voice‹ within.«

ale und materielle *Gleichgewicht* herrscht, kann sich unser Wollen mit Idealen beschäftigen. Dieser Grundsatz, dass Einfachheit nur möglich ist, wenn kein Mangel besteht, geht schon aus dem Vergleich mit der Schöpfungsgeschichte hervor. In der Schöpfung herrscht – als Idealbild von Gottes Schöpfung – kein Mangel.

Diese Vorstellung hat zur Folge, dass Einfachheit als Lebensweise auch wesentlich das wirtschaftliche Ziel der Verteilungsgerechtigkeit der Güter verfolgt und ebenso den bedachtsamen Umgang mit der Umwelt.

Ebenso soll auch im *Innern* des Menschen ein Gleichgewicht bestehen. Die Entscheidung zur Einfachheit soll nicht einer Not, einem Ärger oder Trotz, einer hohlen, aufgeblasenen Begeisterung gehorchen, sondern in mentaler Ruhe und emotionaler Nüchternheit getroffen werden. Die äußere, materielle Sphäre und die innere Befindlichkeit gehören zusammen und bilden ein Ganzes.

Nur aus einer Ruhe und Nüchternheit können wir die Einfachheit als einen *positiven Schritt* zu einem veränderten Leben auffassen. Einfachheit kann nur gelingen, wenn wir die Dämonen der Besitzgier, des gesellschaftlichen Prestiges, der Präsentation im Äußeren und der narzisstischen Selbstüberhöhung als solche erkannt haben und wissen, dass wir sie in Schach halten müssen. Sind wir uns dieser Dämonen nicht bewusst, wird unser Leben in den breiten Bahnen des additiven Lebens weiterlaufen: Man häuft eins aufs andere.

Es gibt »sekundäre Dämonen«, nämlich den Dämon der Zerstreuung; den der Gleichzeitigkeit, wenn man glaubt, die unterschiedlichen Tätigkeiten in einem und ohne Differenzierung voneinander tun zu können (»multi-tasking«), weil der Alltag es so zu verlangt; den der Hast und des unentwegten, maschinenartigen Tätigseins; den Dämon des Pflichtgefühls, der alles an sich reißt und glaubt, alles selbst tun zu müssen. Und andere, ähnliche Dämonen, die gegen die Einfachheit in der Lebensweise arbeiten, weil sie gegen die natürlichen Ordnungen im Leben verstoßen.

Allerdings ist Einfachheit *keine negative Askese*, nicht Unterdrückung, nicht generelle Ablehnung und Abwehr. Solche negativen Gesten laufen nicht auf Einfachheit hinaus (*simplex*), sondern auf das Gegenteil, auf eine komplexe Lebensweise, bei der die einzelnen Elemente des Lebens nicht aufeinander abgestimmt sind, nicht in Harmonie miteinander existieren, sondern sich gegenseitig stören und infrage stellen. Askese kann für uns nur bedeuten, auf etwas zu verzichten, um ein größeres Positives im Rahmen der natürlichen Einfachheit zu erreichen.

Unmittelbarkeit im Zusammenleben

Haben wir diese Denk- und Verwirklichungsschritte getan, können wir die Einfachheit als ein Mittel zum bewussten Zusammenleben mit den Menschen und den Dingen auffassen. Dies ist die eigentliche Übung der einfachen Lebensweise, die ihren Wert und Gewinn in sich selbst trägt: die unmittelbare Beziehung zur Natur, zum Kosmos, zum Mitmenschen und zu den großen und kleinen, wichtigen und geringen Dingen des Alltags verstehen und pflegen. *Unmittelbarkeit* ist hier ein Merkmal der Einfachheit. Die unmittelbare, also sinnenhafte Beziehung zur Welt ist wesentlich. Fromme Hindus treten, sobald sie am Morgen aufgestanden sind, vor ihre Hütte oder ihr Haus, um in sinnenhafte Berührung mit der Natur und dem Kosmos zu kommen. Sie blicken zur aufgehenden Sonne, verneigen sich vor ihr als ein Symbol Gottes. Sie feiern das Leben mit der Natur, indem sie ein Bad im Fluss oder im Teich nehmen, indem sie ein Feueropfer an ihrem Hausaltar ausführen und *prānāyama*, Atemübungen, machen. Wasser, Feuer (oder Sonne) und Luft stellen den Kontakt zum kosmischen Leben her, in das sie nun ihr persönliches Leben bewusst durch Gebet und Ritus stellen.

Obwohl wir im Abendland diese Tradition des Sich-in-Beziehung-Setzens wenig kennen und auch, bedingt durch Klima und zivilisatorische Lebensgewohnheiten, nicht in einem engen Kontakt zu Natur und Kosmos leben, wäre es möglich, dies nachzuvollziehen. Wir kennen die großen kosmischen Psalmen und die davon abgeleiteten kosmischen Liturgien im Christentum; wir kennen die Visionen des Johannesevangeliums und der Apokalypse. Uns sind sie bewusst, wir nehmen sie dankbar zur Kenntnis, doch wir wandeln sie leider selten in Lebenspraxis um.

Unmittelbarkeit bedeutet, dass wir uns an alles als *einem* Du *zuwenden*. Geläufig ist uns aus der Praxis der Nächstenliebe, dass wir uns den Menschen zuwenden, und zwar zu jedem einzelnen Nächsten, wo immer er existiert, ohne Auswahl und Vorurteil. Wir denken nicht daran, dass wir auch der unbelebten und belebten Natur; den menschengemachten Dingen und dem Kosmos mit ähnlicher Du-Zuwendung begegnen können. In der Hindu-Philosophie ist dies eine wohlbekannte geistige Figur. Denn ihre Annahme ist, dass auch die Dinge *beseelt* sind und darum fähig, angesprochen zu werden und zu antworten. In der europäischen Romantik wurde diese Du-Fähigkeit der Dinge wahrgenommen, erinnern wir uns etwa an den berühmten Vers Joseph von Eichendorffs (1788–1857):

Schläft ein Lied in allen Dingen,
Die da träumen fort und fort,
Und die Welt hebt an zu singen,
Triffst du nur das Zauberwort.[2]

Aber diese Beziehung zum Du der belebten und unbelebten Dinge darf keine romantische Stimmung bleiben, sondern muss sich zu einer existenziellen Lebensweise verdichten. Die Kritik Indiens an der christlichen Ethik zitiert immer wieder diesen Satz, dass der Mensch sich die Schöpfung »untertan machen« (Genesis 1,28) solle. Dieses göttliche Angebot kann nicht bedeuten, dass die Menschen die Schöpfung ausbeuten und erniedrigen. Es muss bedeuten, dass die Menschen mit ihren Mitgeschöpfen kooperieren. Die sicherste Weise dafür ist, diese *Mitgeschöpflichkeit* anzuerkennen und in allen Handlungen zu verwirklichen.

Unmittelbarkeit kann nur dann gelingen, wenn wir uns *beschränken*. Das Ideal ist zwar, dass wir eine lebendige Beziehung zu *allen* Lebewesen, zu *allem* Beseelten unterhalten, dass wir einen *Beziehungskosmos* aufbauen. Doch gerade in unserer modernen Welt ist dieses Ideal nicht erfüllbar. Die Erfahrung eines Beziehungskosmos ist nur möglich, wenn wir auswählen, welche Du-Erfahrungen, welche Begegnungen für uns vollziehbar sind. Wir wählen Begegnungen aus, die noch die Eigenschaft der Unmittelbarkeit besitzen. Ein

2   Joseph von Eichendorff, Wünschelrute; in: Ders., *Werke in einem Band*, München 1984 (3. Aufl.), 103.

Beziehungskosmos ist nur lebendig, wenn wir die Erfahrungen mit der äußeren Welt auch in uns aufnehmen und ordnen können. Wir sollten für diese Verinnerlichung der Erfahrungen immer bereit sein. Doch wir können nicht unbegrenzt aufnehmen und ordnen.

Unser technisiertes Leben hat die Möglichkeit, uns mit Eindrücken auf Sinne, Gefühle und Intellekt zu bestürmen, die um ein Vielfaches unsere Fassungskraft übersteigen. Wir können am Morgen nach Paris fliegen und am Abend nach Deutschland zurückkehren oder nach Rom, Prag oder Madrid weiterreisen. Wir stehen ständig in der Gefahr, die technischen Möglichkeiten zum Schaden für unsere Seele auszureizen. Uns wird nicht mehr bewusst, dass wir von einem organischen, geschichtlich gewachsenen Zusammenhang – unserem eigenen Beziehungskosmos – in einen anderen wechseln. Den Menschen, die wir in ihrer je speziellen Lebenssituation antreffen, können wir nichts von uns geben, weil wir nicht in ihre Situation hineinzusprechen vermögen.

Der moderne Tourismus ist ein extremes Beispiel einer anti-einfachen Lebensweise, in der »Erfolg« nach der Vielzahl von Kontakten mit Dingen und Menschen gemessen wird. Einfachheit gebietet, dass wir zu verstehen suchen, wie sich die Menschen, denen wir begegnen, befinden, und dass wir sie in ihrem Sosein ansprechen.

Meditation, Zeiten der Stille, der Muße, der kreativen Selbstbeschäftigung – also Zeiten »radikaler Einfachheit« – helfen, innerlich wie im äußeren Leben ein Gleichgewicht zu finden. Diese »radikale Einfachheit« wird die Oberflächlichkeit und Sinnentleerung von massenweisen Kontakten deutlich machen.

Wie verhält sich die Einfachheit zum *Konsum?* Wenn wir
Dinge kaufen, müssen wir sie auch pflegen, ihnen Raum geben, und zwar materiellen wie geistigen Raum. Darum sollen
wir uns der Gefahr bewusst sein, dass Dinge, die einen praktischen Zweck erfüllen, sich wie der Besen des Zauberlehr-
lings auch verselbständigen können. Die Anschaffung jedes
Gegenstands führt zu neuer Aktivität, die ihrerseits zu weiterer Aktivität führt. Zum Beispiel erleichtert ein Kühlschrank
uns den Konsum von Nahrungsmitteln, doch macht dieser
Besitz Reparaturen, Enteisung und Wartungsarbeit notwendig, und er nimmt Platz ein. Ein Computer vereinfacht bestimmte Arbeitsprozesse, aber anderseits macht er das Leben
komplizierter, wenn zum Computer Geräte hinzukommen,
die auch gewartet und repariert, kompatibel eingestellt und
funktionstüchtig erhalten werden müssen. Mit jeder neuen
Erleichterung wird auch die Erwartungshaltung der Umwelt
anspruchsvoller. Man soll schneller, effizienter handeln, die
technischen Mittel zur Effizienz total ausschöpfen. Mit jeder
technischen Vereinfachung von Kommunikationsabläufen
entsteht eine neue Komplexität, die wir kaum überblicken
können und geistig – im Sinne eines Beziehungskosmos –
kaum bewältigt werden kann.

Eine in Indien oft erzählte Geschichte illustriert den Vorgang auf humorvolle Weise. Einen Mönch, als solcher zu
einfacher Lebensweise verpflichtet, ärgerten die Mäuse, die
in seiner Hütte umherliefen und an seiner Nahrung knab-
berten. Um der Mäuse Herr zu werden, hielt sich der Mönch
eine Katze. Doch die Katze brauchte auch Milch. Zunächst
kaufte der Mönch sie bei einem Milchmann im Dorf. Als er

immer wieder weg blieb und die arme Katze schwach wurde, besorgte sich der Mönch eine Kuh, die er in einem Verschlag neben seiner Hütte unterbrachte. Er selbst melkte die Kuh, und sie gab genügend Milch für Katze und Mönch. Doch die Kuh brauchte Futter, darum stellte der Mönch einen Knecht an, der Gras schnitt und die Kuh fütterte und versorgte. Der Knecht wurde krank und musste in ein Krankenhaus gebracht werden. Der Mönch ging täglich hin, um dem Knecht seine Mahlzeiten zu bringen und Medikamente zu kaufen. Um die Kuh mit frischer Nahrung zu versorgen, kaufte er eine kleine Wiese in der Nachbarschaft, die er einzäunen ließ. Darauf konnte die Kuh weiden. So erweiterte sich der Haushalt des Mönchs ständig, der ursprünglich einfach leben und nur der Mäuseplage Herr werden wollte. Bis es ihm wie Schuppen von den Augen fiel und er erkannte, was er tat. Am nächsten Tag ließ er alles zurück und begab sich auf Wanderschaft.

Philosophisch ausgedrückt: Er entsagte der *Sogwirkung der Dinge*, die eine Bedeutung vortäuscht, die die Dinge existenziell nicht besitzen. Der Mönch entsagte der *māyā*-Sphäre der Dinge. Maya wirft einen Zauber über die Dinge, der uns über ihren Wert täuscht. Wir suchen diesen Wert auszukosten, zu genießen und finden mit dieser Sehnsucht an kein Ende. Sehnsucht wird zur Sucht.

Wer kauft, wer konsumiert, sollte sich stets über die Konsequenzen klar bleiben. Das heißt, er sollte die Funktion und Nützlichkeit dieser Güter kennen, aber ebenso die Grenze dieser Nützlichkeit. Der Chef des Apple-Konzerns, Steve Jobs, wurde vor und nach seinem Tod als Visonär gepriesen, weil er seine elektronischen Produkte ständig innovativ verbesserte, auch im Design nach neuen praktischen wie ästhetischen Lö-

Einfachheit

sungen suchte. Aber war er deshalb schon ein Visionär? Er hat vorausgeschaut, zu welchen Produkten die technische Entwicklung führen würde. Doch hat er niemals von den *Grenzen der Nützlichkeit* seiner Produkte gesprochen. Er sagte niemals, was seine Produkte *nicht* können und nicht können wollen. Niemals riet er den jungen Benutzern der Apple-Produkte, sie weise in ihr Leben zu integrieren. Steve Jobs war ein genialer Vermarkter, sein primäres Interesse war kommerziell, nicht das holistische Leben.

Was tun? Eine Rückkehr in eine vordigitale und vorelektronische Zeit ist den meisten Menschen unmöglich und kann nicht wünschenswert sein. Ich halte es in meiner Entscheidung, wo und wieweit ich mich auf Konsum einlasse, mit dem *heiligen Franziskus.* Für seinen Orden wünschte er strikte Armut. Die Brüder vertrauten darauf, dass ihre Bedürfnisse unmittelbar von der Natur und den Menschen befriedigt wurden. Anders ausgedrückt, ihr Beziehungskosmos war aktiv nicht nur auf der geistigen und emotionalen Ebene, sondern auf der materiellen Ebene. Unmittelbarkeit wurde mit diesem Gebot, spontan von handwerklichen Arbeiten und vom Betteln zu leben, auf geradezu absolute Weise gepflegt.

Aber Franziskus machte zwei Ausnahmen vom Gebot der Armut: Erstens, laut seiner Regel erlaubte er seinen Brüdern, ihr *Handwerkszeug* auf der Wanderschaft mitzunehmen, damit sie von ihrer Hände Arbeit leben konnten. Eben das will ich auch mir erlauben: das Handwerkszeug zur Ausübung meines Berufs zu besitzen und zu pflegen. Das sind mein Computer, mein Drucker und Scanner sowie das Telefon und eine kleine, lebendige Bibliothek. Zu meinem Handwerkszeug gehören aber nicht Kühlschrank, Fernsehen und Klimaanlage, darum besitze ich sie nicht.

Die zweite Ausnahme in der franziskanischen Armutsregel ist charakteristisch: Franziskus gestattete den Brüdern, in ihren Niederlassungen kleine *Gärten anzulegen*. Das heißt, Franziskus erlaubte lebendige Schönheit und wusste von ihrem spirituellen Wert. Ebenso erlaube ich mir, Musik zu hören, Gedichte zu lesen und Schönheit zu erleben, wo ich sie finden kann.

Ich erwähnte schon, wie heilsam es ist, sich im Tagesablauf mit der uns umgebenden Natur zu verbinden: mit Licht, Luft, Erde, Fluss und mit Bäumen und Wiesen. Um mich mit ihnen zu verbinden, will ich so weit wie möglich deren Eigenschaften nutzen: bei offenem Fenster die frische Luft atmen, die Wärme der Sonne genießen (anstatt der Heizung im Zimmer), das natürliche Licht immer dem künstlichen (elektrischen) Licht, Kühlung und Erwärmung durch natürliche Vorgänge den künstlichen Möglichkeiten vorziehen; wo es erlaubt ist, das natürliche Wasser trinken (anstatt Mineralwasser und *soft drinks*).

Solche lebendigen Beziehungen zur Natur und Umwelt machen uns *kreativ*. Das bedeutet, dass wir mit den Dingen, der Natur, den Du-Beziehungen *spielerisch* umgehen. Was wir als Kinder taten, weil jedes Ding, das wir sahen oder in die Hand bekamen, zum Spielen einlud, das kann uns durch die bewusst geübte Einfachheit teilweise zurückgegeben werden.

Die Sakramentalisierung der Welt

Der Hinduismus ist in seiner Praxis dem *heiligen Spiel* zugeneigt. Viele seiner rituellen Formen haben ausgeprägte Spiel-

Einfachheit

elemente. Die Vishnuiten verehren das göttliche Paar Krishna und Radha, die im Tanz ihre Liebe erfüllen. Die mythischen Geschichten, die sich um diese Gottheiten und um andere Götter ranken, werden von den Hindus nacherlebt und in vielfältiger Weise nachgeahmt, in Theaterstücken, in Liturgien und Riten, auf Festen.

Dieses heilige Spiel bekommt seine kosmische Dimension durch die *Sakramentalisierung der Welt*. Die Dinge der Natur und des Kosmos werden in eine *symbolische Sphäre* gehoben. Das heißt, die Dinge werden mit einer geistigen Bedeutung durchtränkt, die ihnen als bloßer Materie nicht zukommt. Als Symbole weisen die Dinge über sich hinaus und werden Zeichen für etwas Geistiges, für einen Gedanken, eine Empfindung, eine Gesinnung. Für die indische Mentalität ist es typisch, dass alles, was fähig ist, über die materielle Sphäre hinauszuweisen, mit dem Göttlichen in Zusammenhang gebracht wird: Es wird sakramentalisiert. Die Sonne ist Sinnbild Gottes, weil sie der größte und leuchtendste Körper ist, den wir mit unseren Sinnen erfassen können. Die hohen Berge sind Wohnstätten der Götter, die Flüsse werden Göttinnen zugeordnet. Durch diese Teilhabe an der göttlichen Sphäre besitzen die verschiedenen Dinge der Natur besondere, je eigene Kräfte, die sich der Mensch zunutze machen soll. Feuer und Wasser haben reinigende Wirkung, die Erde ist Symbol der Festigkeit, die Luft und der Wind haben unterschiedliche göttliche Potenz, ebenso die Bäume, die je nach Art verschiedenen Göttern zugeordnet sind.

Dieser indische Zugang zur Wirklichkeit ist oft nicht frei von Magie, nicht frei von Widersprüchen und reflektiert vielfach soziale Missstände, die behoben werden sollten.

Wichtig für uns ist zu erfahren, dass beinahe jedes Ding symbolfähig, transparent ist für das Geistige und Göttliche. Wir können in unserem Leben in Europa an christliche Symbole und Bedeutungen anknüpfen, wir können den Dingen aber auch frei die uns als echt erscheinenden Bedeutungen zusprechen. Hier kann uns wieder die Intuition führen, damit wir von den Dingen in unserer Umwelt die angemessenen geistigen Bedeutungen ableiten.

Wenn ich über Einfachheit nachdenke, geht es nicht nur darum, Konsum zu reduzieren, weniger zu besitzen, weniger mit dem Flugzeug zu reisen und stattdessen mehr mit dem Fahrrad zu fahren, Unbrauchbares abzustoßen und nur das Notwendige zu behalten. Auch dies kam zur Sprache, und es ist wichtig, uns dafür zu sensibilisieren, wie wenig wir brauchen, um glücklich zu sein. Mein Lob der Einfachheit will aber mehr, nämlich Einfachheit als eine geistige Vision darstellen. Einfachheit ist kein bloß wirtschaftliches und kein bloß umweltbewusstes Lebensmodell, sondern ein altes und ebenso zeitgemäßes und dringend notwendiges Sich-in-Beziehung-Setzen zu den Menschen und zum Kosmos als Gottes Schöpfung. Ich sehe darin die christliche Lehre der Nächstenliebe zu ihrer Blüte gebracht. Denn Nächstenliebe sollte den Baum und das Tier und den Stern einbeschließen. So gesehen ist Einfachheit eine Grundtugend der Evangelien, aus der echtes christliches Leben möglich wird.

2

Glück und Wahrhaftigkeit

*Gandhi bemühte sich um die einzige Art des Glücks,
die ich ehrlich bewundere, nämlich eine, die Walter
Benjamin als die Fähigkeit der Innenschau, ohne vor
sich selbst zu erschrecken, bezeichnet hat.*

SUDHIR KAKAR[3]

*Wie kann ich glücklich sein, wenn irgendwo ein ande-
res Geschöpf noch leidet?*

FJODOR DOSTOJEWSKI

Alle sprechen vom Glück. Je dringlicher unsere Gesellschaft
in Europa Lebenserfüllung im Glück sucht, desto mehr
scheint es ihr zu entgleiten. Kann ein Diskurs, der indische
philosophische Vorstellungen aufgreift, zu neuen, frischen
Einsichten führen?

Ich vernachlässige hier bewusst jene Strömungen der indischen Geistigkeit, die auf einer Negation der Wirklichkeit,
auf der Idee der Unwirklichkeit der Welt, aufbauen. Sie finden »Glück« in der weltverneinenden Askese. Vielmehr be-
gebe ich mich auf Glückssuche im weltbejahenden Sinn: In
drei Kreisen beschreibe ich die Erfahrung des Glücks. Der

---

3   Sudhir Kakar, *Die Seele der Anderen*. München 2012, 295.

kleinste Kreis ist das Glück durch Konzentration, der nächst-größere die Einstimmung in die Dynamik des Glücks durch eine Ausweitung des Bewusstseinskreises zur Natur und zum Kosmos hin. Der größte Kreis entsteht durch die Einbeziehung des Begriffs der Wahrhaftigkeit. Pierre Teilhard de Chardin SJ zeigt, dass eine solche Öffnung zum Kosmos auch im christlichen Rahmen möglich und wünschenswert ist.

Ur-Glück und Glück aus der Konzentration

Zunächst: Hat es ein Ur-Glück gegeben, in dessen Geborgenheit wir als Kleinkinder gelebt haben und aus dem wir erst herausgefallen sind, als unsere eigensüchtigen Wünsche mehr vom Leben wollten als dieses einfache, genügsame, schwebend-kontemplative, ursprüngliche Glück? Haben wir uns selbst aus diesem Paradies vertrieben, als wir uns mit anderen Menschen zu vergleichen begannen, uns in Beziehung zur Gesellschaft setzten und ehrgeizig und fordernd wurden?[4] Spüren wir nicht manchmal ein solches Glück immer noch, mehr als Ahnung oder Erinnerung, etwa im Schlaf oder in besonderen, blitzhaften Momenten? Wie können wir zu ihm zurückkehren oder uns zumindest ihm annähern? Darauf geben wir drei unterschiedliche Antworten.

Wer die Fähigkeit zur Sammlung seiner inneren Kräfte besitzt, zur *Konzentration*, dem ist die Möglichkeit gegeben, Glück zu erfahren. Das ist die erste, vorläufige, aber eine

---

4 Diesen Gedanken äußerte Robin Klemm, als wir eine frühere Version dieses Kapitels diskutierten.

entscheidende Antwort auf die Frage, was Glück sei. Sie bezieht sich nicht eigentlich auf den Inhalt des Glücks, darauf, was Glück »ausmacht«, sondern sie benennt eine Voraussetzung. In der Konzentration zieht sich die Wirklichkeit zu einem Augenblick zusammen: im Moment der Erinnerung jenes Ur-Glücks, im Glücksmoment der Meditation, einer plötzlichen Begegnung oder eines Einfalls, des Orgasmus, im Moment, in dem wir das Gefühl haben, geliebt zu sein, im Moment einer Glücksnachricht oder eines starken Naturerlebnisses, im momentanen Adrenalinrausch der Sportler auf der Zielgeraden und dem akuten Glücksschmerz der Mütter beim Gebären.

Die Wirklichkeit zieht sich zusammen zu einem Erlebnispunkt: Gegenwart und Erinnerung, Bewusstsein und Unterbewusstsein, Wirklichkeit und Hoffnung bestehen als eines. Die Fähigkeit, sich auf diese Erlebnisse vollkommen einzulassen, sich durch willentliche Konzentration diesen Erlebnissen hinzugeben, ein rückhaltloses Ja zu ihnen zu sagen, das macht das Glück aus. In der Wirkung überwältigt »Glück« den gesamten Menschen so vollkommen, dass man sich in diesem Moment des Inhalts kaum noch bewusst wird. Glück »ist« Konzentration; Konzentration »ist« Glück.

Diesem Moment des Konzentrations-Glücks folgen weitere Momente, in denen das Glück verebbt. Dem schmerzlichen Wunsch, den Moment zu wiederholen, den Glücksmoment gar durch eine kontrollierte Reproduktion zum Instrument des Willens zu machen, widersteht das Glück. Glücksmomente sind nicht von Dauer. Auch eine erhöhte Fähigkeit zur Konzentration kann sie nicht erschaffen. Die Fähigkeit zur Konzentration ist zwar eine Voraussetzung, doch nicht jede gelungene Konzentration beschwört Glücksmomente herauf. Einübung in die Konzentration, wie etwa im körperlichen und mentalen Yoga üblich, hat also nicht unweigerlich eine Glückserfahrung zur Folge. In der Theorie hält zwar der Yoga einen solchen Automatismus für möglich und strebt an, ihn zu perfektionieren. Die Erfahrung besteht aber darauf, dass auch die Yogis Glücksmomente nicht nach Belieben durch Konzentration wiederholen können. Sie sind sich dessen bewusst, darum setzen sie künstliche und von außen gesuchte Stimulanzien ein, um solche Glücksmomente zu erzwingen: Das sind zum Beispiel Rauschmittel, Sex (im Tantrismus) oder Fasten.

Ebenso beliebt sind emotionalisierende Mittel wie Litaneien. Man wiederholt im Singsang und mit unterstützenden Körperbewegungen die immer gleichen Silben und steigert sich in ein Rauschglück hinein, etwa bei den beliebten *kīrtanas* im Hinduismus. Eine Gruppe von Menschen bewegt sich rhythmisch wiegend und händeklatschend in einer Prozession fort. Oder denken wir an den Wirbeltanz der sufischen Derwische, die sich durch Kreisbewegungen in einen Trancezustand tanzen. Diese externen Hilfsmittel weisen darauf hin, dass bloße Konzentration nicht genügt. Doch statt uns auf die beschriebenen äußerlichen Hilfsmittel zu verlassen, die uns ins Glück aufputschen wollen, ist es nicht angemessener, solche Hilfsmittel zu suchen, die dem Inhalt des Glücks nicht fernstehen, sondern ihm wesensverwandt sind? Hilfsmittel eben, die eine inhaltliche Vorbereitung zum Glück sind, die sein Wesen treffen? Als solche Hilfsmittel sehe ich eine vorbereitende innere Einstellung an sowie die Wahl einer äußeren Umgebung, die Erwartung und Sehnsucht nach dem Glück spiegelt, also die emotional-mentale Hinwendung auf das Kommende, dessen Inhalt wir ahnen.

Eine solche Vorbereitung ist immer mit eigener Entleerung, mit Geduld und Warten, mit der Beruhigung der eigenen nervösen Motorik und der Ich-Triebe, mit der Beruhigung der Gedanken und der Gefühle verbunden. Ist es richtig zu sagen: Wir müssen uns wartend auf Augenblicke der *Gnade* vorbereiten, um uns dem Glück zu nähern? Diese Gnade kann als Blitz und ohne eine vorbereitende und erahnende Konzentration auf das kommende Ereignis ins Leben einbrechen. Durch einen solchen Gnadenblitz wurde Saulus zum Paulus bekehrt. Das sind die Gnadenblitze, die so selten in uns einwirken. Üblicher ist es, dass wir uns auf das Wirken der Gnade innerlich vorbereiten müssen. Gnade lässt sich nicht provozieren, nicht wie eine Trophäe wegreißen. Die beste Vorbereitung für den Eintritt der Gnade in unser Leben ist das bewusste und geduldige Abwarten. Dieses Abwarten hat schon die Qualität der Sammlung, der Verengung des Fokus auf ein Ziel, nämlich auf das Glück.

Gibt es ein dauerhaftes Glück?

Betreten wir den *zweiten Kreis* unserer Betrachtungen. Um das Glück beständiger, nachhaltiger in uns zu verankern, sollen wir nicht die blitzartigen Glücksmomente ersehnen, sondern das Glück auf einer »niedrigeren«, aber dauerhafteren Ebene suchen. Wie könnte eine solche Ebene beschaffen sein? Ich beschreibe eine mögliche Antwort, die uns die Lebenserfahrung der Hindu-Philosophie gewiesen hat. Der Sanskrit-Begriff *Rita* (ṛta) umschreibt diese Antwort. Laut Raimundo Panikkar bedeutet Rita die »kosmische und sakrale Ordnung, das Opfer als universales Gesetz oder auch universale Wahrheit und die endgültige dynamische und harmonische Struktur der Wirklichkeit«[5].

Diese diversen Elemente sind scheinbar inhomogen. Der Begriff Rita umschreibt aber ein Erlebnis, das organisch und einheitlich ist. Rita gibt dem gesamten Kosmos, der gesamten Wirklichkeit eine Ordnung. Diese Ordnung ist nicht statisch, sondern sie wirkt in den Kategorien der Zeit und des Raumes dynamisch immer weiter ordnend und harmonisierend. Rita ist nicht nur überzeitliches Gesetz, sondern Bewegung, die immerzu die Ordnung und Harmonie in der Welt, innerhalb von Zeit und Raum, neu herstellt und bewahrt. Es ist aber keine Ordnung, die sich in den sinnenhaft erfahrbaren Phänomenen zu erkennen gibt, sondern sie ist im Übernatürlichen verankert, übersinnlich. Sie ist in jenem Bereich angesiedelt, in den unser menschliches Spüren noch hineinreicht, in jenem Bereich, der zwischen der phänomenalen, sinnenhaft erfahrbaren Welt und der Transzendenz liegt, in der die Phänomene aufgelöst sind. Dieser Zwischenbereich wird gespeist einerseits von der Transzendenz, andererseits von den Phänomenen. Die Ordnung entsteht kraft der Transzendenz, kraft ihrer Wirkmacht innerhalb der phänomenalen Wirklichkeit.

Rita wird »Opfer« genannt, weil sie der phänomenalen Welt »dient«, ihr Ordnung und Struktur verleiht, damit sie in sich harmonisch bleibt und nicht in innerer Dissonanz und Zerstrittenheit auseinanderbricht. Raimundo Panikkar nennt Rita eine »Wahrheit«, weil sie nicht nur aus Sehnsucht

5 So im Glossar zum Stichwort *rta* in Raimundo Panikkars monumentalem Werk *The Vedic Experience. Mantramañjari. An Anthology Of The Vedas For Modern Man* (Berkeley 1977).

imaginiert ist, kein Fantasiegebilde ist, sondern weil sie tatsächlich besteht und in den täglichen Lebensvollzug integriert werden kann. Christlich kann man von der »Stimme des Gewissens« oder dem »Wirken des Heiligen Geistes« sprechen. Mahatma Gandhi nannte sie »the still small voice«, die sich bemerkbar macht, wenn Sinne und die Gefühle beruhigt sind, etwa in der Muße, im Gebet oder in der Meditation.

Rita wird als eine Dynamik, die im Kosmos wirksam ist, erfahren, als eine Dynamik, in die man, bei entsprechender Vorbereitung, einschwingen, sich hineinversetzen, in die man sich »hineinverwandeln« kann, um an ihr teilzunehmen und in ihr mitzuschwingen. An ihr und in ihr wächst der Mensch über die eigene Individualität hinaus und findet Heimat im Kosmos, in dieser größtmöglichen Weite der Schöpfung. Vergleichbar ist dieses Bewusstsein mit Sigmund Freuds »ozeanischem Gefühl«[6]. Freud bezieht dieses religiöse Urgefühl auf das frühkindliche Erleben der Einheit, das nicht unterscheidet zwischen dem eigenen Ich und der Mutter und ihrer Umgebung. Das Kind erfährt, so Freud, die »innige Verbundenheit des Ichs mit allem«.

In die kosmische Dynamik hineingenommen zu sein, verlangt also eine Ich-Bindung mit der Außenwelt, mit dem Kosmos. Das bedeutet eine Auflösung oder zumindest »Aufweichung« des Ich, damit es sich in diese übergeordnete Wirklichkeit einbeziehen lässt. Dieses Mitschwingen, Mit-Hineingenommensein in den Puls des Kosmos erweckt ein Glücksbewusstsein, das vielleicht milde, oft als Unterströ-

---

6 Sigmund Freud, *Abriß der Psychoanalyse. Das Unbehagen in der Kultur*, Frankfurt am Main 1953, 65.

mung, weniger als Antreiber, wahrgenommen wird, das uns aber dennoch trägt, gerade in Krisen.

Wir sehen: Im ersten Kreis erörterten wir die Konzentration als Glücksbringer, also die Verengung des Wahrnehmungsfokus auf den kleinsten Punkt. In der zweiten Runde geschieht das Gegenteil: Wir suchen ein mehr bleibendes, ruhigeres Glück in der größtmöglichen Weite, im ozeanischen Gefühl, in dem Sich-Öffnen hin zu einer kosmischen Dimension. Raimundo Panikkar hat Rita als »*universale* Wahrheit« charakterisiert. Auch Wahrheit ist nämlich – nach indischer Vorstellung – eine dynamische Kraft (bezeichnet also keine statistische »Richtigkeit« oder bloß moralische Lauterkeit). So lässt sich dieses »In-der-Rita-Mitschwingen« auch als ein »In-der-Wahrheit-Sein« wiedergeben. Das bedeutet: Die Bedingung für dieses Mitschwingen im Puls des Kosmos ist eine tätige innere Lauterkeit und Echtheit. Sie müssen eingeübt werden, um zu entstehen und erhalten zu bleiben. Das Empfinden für die kosmischen Rhythmen, die Rita, ist nur möglich, wenn Gefühle und Gedanken genügend geläutert sind, um die Schwingungen aufzunehmen und sich mit ihnen zu verbinden.

Die Erfahrung des In-der-Wahrheit-Seins sollen wir im sinnenhaft erlebten Alltag machen; das In-der-Wahrheit-Sein soll diesen Alltag begleiten und beraten und immer stärker durchdringen, sodass letztlich unser gesamter Tag von diesem Bewusstsein des In-der-Wahrheit-Seins bestimmt wird und unsere Sorge nur die eine bleibt: aus dieser Dynamik nicht herauszufallen durch eigene Unaufmerksamkeit und moralisches Versagen.

Erhalten bleibt dieses In-der-Wahrheit-Sein durch regelmäßige Übung: in der Meditation, im Herzensgebet, begleitet vom ruhigen Atmen, im körperlichen Yoga; in der Übung der Stille und Muße, dem Besuch stiller, menschenleerer, sakraler Orte, der regelmäßigen Teilnahme an heiligen Handlungen. Solche Übungen betonen und stärken eine gleichmäßige, ruhige Gestimmtheit. Diese grenzt sich ab vom Rausch oder der Ekstase sowie vom hektischen Wunsch nach neuen und unterschiedlichen (religiösen) Erlebnissen. Das In-der-Wahrheit-Sein soll im Alltag das gleichmäßig Tragende sein, die Dynamik, die den Alltag durchwirkt und zum höchstmöglichen dauerhaften Glück im Alltagsleben führt. Diese innere *Wachheit*, die uns die regelmäßige Übung gibt, sowie der reine Wille, sich nicht von dem Alltag, wie er auch sei, vereinnahmen zu lassen, können zu der Sicherheit führen, in der Dynamik der Rita weiterzuschwingen.

Jetzt wird auch verständlich, warum ich im Titel »Glück« mit »Wahrhaftigkeit« verbinden musste. Das möglichst dauerhafte Glück, so wie ich es hier definiere, ist nur in der Dynamik der Wahrheit möglich. Es kann nicht im Rausch, nicht in der Ich-Bezogenheit, also nicht in der egoistischen Ausgrenzung anderer Menschen und menschlichen Erlebnissphären, nicht in der Sucht nach starken Gefühlen wachsen. Dieses Glück muss sich in dem ansiedeln, was dauerhaft sein kann, was infolge dieser Dauerhaftigkeit echt und authentisch, eben wahrhaftig, ist. Negative, destruktive, ichsüchtige Tendenzen haben nicht diese Qualität der Wahrhaftigkeit, die den Kosmos als göttliche Schöpfung anerkennt und zu erfahren sucht und darum sich weitestmöglich dieser Schöpfung und ihrer Dynamik öffnet und anvertraut.

Gibt es Entsprechungen der Rita im Europäischen und Christlichen? Wir nannten die Stimme des Gewissens. Ein Gedicht von Albrecht Goes (1908–2000) berührt im poeti-

schen Bild die Hindu-Vorstellung des kosmischen Mit-
schwingens; es handelt von einem Engel, der Laute spielt und
zu den Menschen so spricht:

LAUTESPIELENDER ENGEL
Stimme des Engels:

Sprich mich nicht an! Ich kann dir nichts erwidern.
Ich höre nur der Laute Lobgesang.
Ich hab ein Amt, begreif: den heilgen Liedern
Zu dienen, Klang bei Klang.

Doch fürchte nichts! Denn über allen Worten
Und allem, was geschieht und je geschah,
Klingt dieser Ton und tönt an allen Orten.
Wags und stimm ein, und du bist ganz mir nah.[7]

Das Gedicht sagt etwas der Rita Ähnliches aus: Im Kosmos
herrscht ein heiliger Klang, der Gott, das Göttliche verehrt
und beschwört, der vermittelt zwischen den Menschen und
dem Göttlichen und darum tröstlich ist: »Fürchte nichts!«
Das Gedicht lädt ein, einzuschwingen in diesen Ton.

---

7   Albrecht Goes, »Lautespielender Engel. Stimme des Engels«, zit. nach: ders.,
Lichtschatten du. Gedichte aus fünfzig Jahren, 69 © S. Fischer Verlag GmbH,
Frankfurt am Main 1978.

Glück-Haben, Glücklichsein und Glückseligkeit

Fangen wir beim *dritten Kreis* noch einmal von vorn an und suchen nach Antworten auf die Frage: Was ist Glück? Die oben charakterisierte Methode, die aus der indischen Philosophie abgeleitet ist, gibt uns zwar die Möglichkeit, Glück als ein metaphysisches Gut in uns wie ein wärmendes Feuer zu schüren, aber wir wissen noch nicht, was Glück denn sei, was der *Inhalt* dessen ist, was uns wärmt. Mit dem Begriff der Wahrhaftigkeit ist schon ein Inhalt angedeutet; aber wahrhaftig zu sein heißt noch nicht, glücklich zu sein, sondern wiederum nur, eine Voraussetzung zum Glück zu erfüllen.

Die englische Sprache kennt klare Unterscheidungen. »Glück« kann dreierlei bedeuten: erstens *luck*, zweitens *happiness* und drittens *bliss*. Der erste Begriff bedeutet »Glück haben«, wie man nach dem guten Ausgang eines Ereignisses sagt: »Da hast du Glück (im Sinne von *good luck*) gehabt!« Es bewertet ein einzelnes Ereignis, das entsprechend den Erwartungen gut gelungen ist und abgeschlossen werden konnte. Der zweite Begriff, *happiness*, meint das Glück im Sinne von »glücklich sein«; er bezeichnet einen unbestimmt lange anhaltenden Zustand. Man mag in der Ehe glücklich sein oder im Beruf oder mit seinen Kindern. Glücklich ist man also situationsbezogen. Das heißt aber auch: Sobald sich die Situation ändert, fehlt die Grundlage zum Glück. Der dritte Begriff, *bliss*, lässt sich mit »Glückseligkeit« übersetzen und hat religiöse Beziehungsfelder. Glückseligkeit nimmt ihre Legitimation aus der Beziehung zur Transzendenz, zum Göttlichen.

Auch in den indischen Sprachen besteht diese Differenzierung, nämlich in den Begriffen: *sukha* und *ānanda*. Während Sukha das kreatürliche Glück und Wohlbefinden bezeichnet, das Glücklich-Sein nach einem gelungenen Unternehmen oder einer guten Erfahrung, ist Ananda eher die Glückseligkeit, die der religiösen Erfahrung entspringt. Die Vedanta-Philosophie postuliert, dass die drei wesentlichen Eigenschaften des Göttlichen (*brahman*) Sat-Chit-Ananda sind, nämlich Wahrheit-Bewusstsein-Glückseligkeit.

Vom Standpunkt der Wahrhaftigkeit aus betrachtet, kann Glück nur die »Glückseligkeit« meinen. Sie gibt mehr Antworten auf existenzielle Fragen, die uns beunruhigen und uns so oft ins Unglücklich-Sein treiben, als das momentane Glück-Haben, selbst als die glückhaften Ekstase-Momente, die wir anfangs beschrieben haben.

Dieses Glück-Haben soll jedoch nicht abgewertet werden, denn seine Kraft kann unser berufliches und persönliches Leben verwandeln, es motiviert uns, es wirkt als Erinnerung, als psychisches Substrat. Ein Mensch, der häufig in menschlichen Beziehungen, in der Ehe, im Beruf Erfolg hatte, wird von diesem Glück zehren, auch wenn eine Zeit lang Glücksleere herrscht. Seine Persönlichkeit baut sich mit Hilfe des häufigen Glückserlebens auf und kann glücklose Phasen ohne Selbstzweifel oder gar Verzweiflung überstehen.

Wir kennen solche Menschen, die zum Charisma des glückhaften Lebens wie geboren zu sein scheinen. Zehn Zeilen aus einem Gedicht von Hugo von Hofmannsthal (1874–1929) veranschaulichen die Prädisposition zum Glück und das Vorbestimmtsein zum Unglück:

Manche freilich müssen drunten sterben,
Wo die schweren Ruder der Schiffe streifen,
Andre wohnen bei dem Steuer droben,
Kennen Vogelflug und die Länder der Sterne.
Manche liegen immer mit schweren Gliedern
Bei den Wurzeln des verworrenen Lebens,
Andern sind die Stühle gerichtet
Bei den Sibyllen, den Königinnen,
Und da sitzen sie wie zu Hause,
Leichten Hauptes und leichter Hände.

Hugo von Hofmannsthal sieht allerdings eine unsichtbare Verbindung zwischen dem »schweren« und dem »leichten« Leben in der nächsten Strophe:

Doch ein Schatten fällt von jenen Leben
in die anderen Leben hinüber,
und die leichten sind an die schweren
wie an Luft und Erde gebunden.[8]

Aber ein unbeschwertes Gemüt beweist noch nicht, dass diese Menschen Antworten auf jene Fragen haben, sie in sich gesichert besitzen, die uns umtreiben. Welche Fragen sind gemeint? Albert Camus (1913–1960) hat seinen Essay *Der Mythos von Sisyphos* mit diesen zwei kompromisslosen Sätzen begonnen:

»*Es gibt nur ein wirklich ernstes philosophisches Pro-*
blem: den Selbstmord. Die Entscheidung, ob das Leben

---

8 Hugo von Hofmannsthal, *Sämtliche Werke*. Bd. 1. Herausgegeben von Eugene Weber, Frankfurt am Main 1984, 54.

sich lohne oder nicht, beantwortet die Grundfrage der Philosophie.«[9]

Meine Antwort lautet: weil der Selbstmord gegen unsere Kreatürlichkeit verstößt, die will, dass wir weiterleben – und sei es ohne die Entdeckung eines Lebenssinns und eines Glaubens, der das Leben in ein Ganzes einbettet. Die gesamte Kraft unserer Seele strebt nach dem Weiterleben und ängstigt sich vor der Trennung vom Leib. Dieses kreatürliche Weiterleben-Wollen umgreift die Sehnsucht, glücklich weiterzuleben. Sie ist nicht nur kreatürlich, sondern sie dringt in die seelischen Tiefenschichten ein. Wir streben zum Weiterleben in körperlicher Gesundheit und seelischem Wohlbefinden.

Camus' Frage muss allerdings komplexer beantwortet und ins Positive gewendet werden: Welche *Inhalte* brauchen wir als bewusst lebende Menschen, um zusammen mit dem kreatürlichen und seelischen Glück auch emotional, mental und intellektuell zu einer Glückserfüllung zu finden? Die Sehnsucht weiterzuleben stößt an die Grunderfahrung, dass wir Menschen sterben werden. Wie aber können die Menschen Glück erwarten, wenn sie wissen, dass sie sterben müssen? Wie können sie angesichts der Endlichkeit aller Wesen, also auch ihrer eigenen Endlichkeit als Menschen auf dieser Welt, angesichts der überwältigenden Macht der Zeit und deren Sog zur Veränderung Glück erhoffen?

Sollen wir uns mit den rauschhaften Glücksmomenten und dem eher zufälligen »Glück-Haben« begnügen? Beides ist letztlich unsicher, unbeständig, darum unbefriedigend –

9 Albert Camus, *Der Mythos von Sisyphos. Ein Versuch über das Absurde,* Reinbek 1968, 9.

denn Glück verlangt, wie gesagt, *per se* nach der Dauer. Sollen wir uns mit der bloßen kreatürlichen Befriedigung, bis auf absehbare Zeit weiterzuleben, begnügen? Dies würde bedeuten, dass wir uns abfinden mit unserer Endlichkeit und so lange weiterleben, bis das Leben aufhört. Dieses Sich-Abfinden, das die Philosophie der Stoa vorschlägt, die ohne Ringen um eine metaphysische Vision auskommt, welche die Endlichkeit herausfordert, ist kein Glück. Heutzutage drückt sich dieses Sich-Abfinden in der Schnelllebigkeit aus, in der Zerstreuung durch das Vielerlei des Lebensbetriebs. Es ist ein Leben als Betäubung.

Wahrhaftiges Glück ist ohne die Reflexion, ohne ein Innehalten und Auf-sich-selbst-Blicken, ohne ein In-sich-Ruhen nicht denkbar, denn Glück soll souverän und fest gegründet sein. Dem von seiner Endlichkeit geschüttelten Menschen sind aber gerade dieses Innehalten und der Wunsch, in sich zu ruhen, ein Feind, weil ihn dies alles erneut und mit Wucht auf seine Endlichkeit zurückwirft. Was ist also ein wahrhaftiges Glück?

Wahrhaftigkeit führt zum Glück aus der Transzendenz

Wahrhaftigkeit und Glück können sich nur verbinden, wenn wir unser Leben in die *Transzendenz* stellen. Das ist nicht leicht, es braucht die Vorbereitung durch Zweifel und Verzweiflung, Suche und Enttäuschung, durch Sehnsucht und Ringen um das, was Wahrheit ist. Dieses wahrhaftige, helle Glück, das entsteht, wenn wir den Anfechtungen standgehalten, uns nichts vorgemacht haben, wenn wir also gefestigt sind, ist nur »am Ende« nach einem längeren Prozess denkbar. Wenn man getan hat, was notwendig war, und wenn nichts darüber hinaus zu tun möglich ist – wenn man den guten Kampf gekämpft hat. Kann man das aber jemals von sich sagen? Wer es nicht kann, wie vielleicht die meisten, dem ist Glück somit eine Utopie, die immer weiterrückt, die immer als Möglichkeit vor ihm herschwebt, sichtbar, aber unfassbar. Glück ist vermutlich am wahrsten und fasslichsten in der *Sehnsucht nach Glück*. Ebenso ist der Vorgang, das Leben in die Transzendenz zu stellen, nie vollendet, niemals abschließbar. Das höchste verwirklichbare Glück scheint mir darum die *Sehnsucht nach Transzendenz* zu sein.

Als sehnsüchtige Menschen erleben wir häufig die Stimmungen der Melancholie; es ist die Trauer über das unerreichbare Glück, das heißt, die Trauer über die eigene Unfähigkeit, das Leben in die Transzendenz zu stellen. Doch diese Melancholie hat wunderbarerweise selbst die emotionale Farbe der Transzendenz, leitet zu ihr hinüber und versöhnt uns mit dem Unerreichbaren. Eine existenziell-religiöse Gespanntheit, wie sie durch das unerreichbare Glück, das dennoch Glück ist, entsteht, kann nur durch eines aufgelöst werden: den *Glauben*. Den Glauben an die Transzendenz, nämlich an einen erlösenden Gott. Glaube ist der Sprung aus der Sphäre menschlicher Erfahrung in eine Sphäre, die Erfahrung als wenig wichtig ansieht.

Doch letztlich will auch der Glaube nicht ohne die *Erfahrung* auskommen: die Erfahrung von Riten, Symbolen, Gesten, Menschen mit Charisma, von heiligen Zeiten und Orten, die Erfahrung von Rita. Sie alle weisen auf die Transzendenz hin und geben einen Vorgeschmack von ihr. Der Glaube sucht die Erfahrung, er will sich durch sie seiner selbst versichern. Die existenzielle Gespanntheit also bleibt.

Glück und Wahrhaftigkeit

In der Hindu-Philosophie nimmt die religiöse Erfahrung einen wichtigeren Platz ein als im Christentum. Die Bedeutung der religiösen Erfahrung geht manchmal sogar bis zu der kühnen Forderung: Glaube an nichts, was du nicht erfahren hast!

Das Ziel der Hindu-Gläubigen ist *jīvan-mukti,* das viele Hindu-Theologien, jedoch nicht alle, postulieren: das Erlöstsein des Menschen, während er noch im Körper lebt. Im Judentum, Christentum und Islam theologisch undenkbar, kann sich der Hinduismus einen schon auf der Erde erlösten Menschen vorstellen. Im Christentum gibt es nur diesen einen – den nach dem Osterereignis erhöhten Christus –, der als Mensch in Seele und Leib Erstling der neuen vollendeten Schöpfung ist. Allerdings nehmen wir Menschen auf geheimnisvoll-unfassliche Weise an diesem Ereignis teil.

Hindus weisen auf ihre Heiligen und Gurus hin. Jeder von ihnen gilt als ein *jīvan-mukta*: Chaitanya, Ramakrishna, Ramana Maharshi, Aurobindo. Ob sie sich selbst als solche bezeichnet haben, bleibt unklar. Der Jivan-mukta ist also der Mensch des vollendeten Glücks, der Glückseligkeit, *bliss.* In ihm ist die Spannung zwischen Leben auf der Erde und Leben in der Transzendenz, zwischen Sehnsucht und Erfüllung aufgehoben. Er lebt in der Transzendenz, obwohl er noch am irdischen Leben teilnimmt. Es gehört zu den Verlockungen und Herausforderungen des Hinduismus, dass er eine solche Möglichkeit des vollendeten Glücks anbietet. Solange das Jivan-mukti-Ideal nicht zu Arroganz, sondern zu tiefer Demut führt aufgrund seiner Größe und ob der Entfernung, in der wir alle zu diesem Ideal stehen, vermag es unsere Glückssehnsucht zu stimulieren.

Die Sehnsucht nach Transzendenz nannten wir das höchste erreichbare Glück. Pierre Teilhard de Chardin SJ (1881–1955) ist als christlicher Theologe ähnliche Schritte gegangen. Er sah im »Glück des Wachsens« oder »Glück der Entwicklung« das eine wahrhaftige Glück.[10] Der glückliche Mensch ist jener, der zum Glück findet, indem er »voranschreitend zur Fülle und ans Ende seiner selbst gelangt«. Es gehört zu Teilhards evolutionärer Denkweise, dass er den Menschen »in Richtung immer höherer Bewusstseinszustände« voranschreiten sieht. Dieses »Glück, in der Tiefe seiner selbst zu wachsen«, ist jedoch nicht das Ende. Das »Glück, in der Zukunft in einem Größeren als man selbst einzutauchen und sich zu verlieren«, beschreibt eine weitere Entwicklung. Teilhard spricht darauf von dem Mut jener Menschen, »die ihr Leben um einer Idee willen aufs Spiel setzen oder tatsächlich hingegeben haben«.

Und nun kommt das Eigentliche: Im Allgemeinen wird unser Glück dadurch unterhöhlt und vergiftet, dass wir den Grund, das Ende all dessen, was uns anzieht, so nahe spüren: Leiden der Trennung und des Verschleißes – Angst vor der Zeit, die vorübergeht – Schrecken vor der Zerbrechlichkeit der besessenen Güter – Enttäuschung, so schnell an das Ende dessen zu gelangen, was wir sind, und dessen, was wir lieben …

Für den, der in einem Ideal oder einem Anliegen das Geheimnis entdeckt hat, von Nahem oder Weitem an dem in

---

10   Pierre Teilhard de Chardin, *Vom Glück des Daseins*. Olten 1969. Die folgenden Zitate sind diesem Werk (S. 22–41) entnommen.

Glück und Wahrhaftigkeit

Fortschritt befindlichen Universum mitzuwirken und sich mit ihm zu identifizieren, verschwinden all diese Schatten. Teilhard sieht die Vollendung des Glücks in der »Freude der Anbetung«. Sie nährt sich von der Freude zu leben und der Freude zu lieben und weitet sich immerzu aus, um das gesamte Sein zu erfassen, das Ganze – eben die immer weiter und tiefer sich erfüllende Erfahrung der Transzendenz: »In ihrer Fülle bringt [die Freude der Anbetung] einen wunderbaren Frieden mit sich.«

»Anbetung« ist hier die Haltung, die ein Mensch unwillkürlich einnimmt, der sich in das Ganze hineingestellt weiß und an ihm Anteil hat. Dieses Ganze ist »unerschöpflich« und entzieht sich daher »jeder Drohung des Todes und des Verfalles«. Die Freude, die entsteht, wenn ein Mensch begreift, dass er ein Element des Universums ist, das sich mit ihm zu einer immer größeren Vervollkommnung bewegt, ist das höchstmögliche Glück.

Den Weg zum Glück, den ich hier skizziert habe, finde ich durch Pierre Teilhard de Chardin bestätigt. Durch Konzentration, Bemühung und Übung dürfen wir im kosmischen Strom von Rita mitfließen. Durch beständiges Fortschreiten in der Wahrhaftigkeit können wir uns ins Ganze der Transzendenz stellen.

Ein solches »Glück« kann Angst und Erschrecken erzeugen – es sei denn, wir gewöhnen uns Schritt für Schritt daran. Der Versuch, mit einem Mal in die Fülle zu springen, kann zum Sturz in eine erschreckende Leere werden. Das Glück muss gelernt sein, indem wir ein Glückserlebnis nach dem anderen geduldig einordnen und unterordnen in das Glück der Transzendenz. Darin wird jedes Teilglück – der berufliche und sportliche Erfolg, die körperliche Liebe, die

Begegnungen, der ästhetische und künstlerische Genuss, die Meditation, das innere Wachsen und der Fortschritt – als Teil des Gesamten relativiert und untergeordnet, gleichzeitig aber durch die Teilnahme am Gesamten des Glücks aufgewertet und nahezu unangreifbar wertvoll gemacht.

3
Muße

Muße[11] heißt, mit gutem Gewissen den Gedanken freien Lauf lassen; Muße heißt, unangestrengt den Gefühlen und der Fantasie erlauben, Assoziationen zu weben und zu flechten – in dem Bewusstsein, dass dies gut für die Gesamtverfassung des Menschen ist.

Es ist diese Großzügigkeit, diese Großherzigkeit, die unsere abendländische Auffassung von Muße prägt und in einen weiten geistigen Raum stellt, den sie in Freiheit ausfüllt.

In Indien wollen die Schulen des Yoga diese spielerische Freiheit nicht dulden. Im Gegenteil, der Yoga trachtet danach, Gedanken, Gefühle und Fantasie zu kanalisieren, zu zügeln und zu vermindern. Das Ziel ist, sie insgesamt zu unterbinden. So heißt der zweite Lehrsatz (*sūtra*) des Patañjali in seinem grundlegenden Yoga-Leitfaden: »Yoga ist jener innere Zustand, in dem die seelisch-geistigen Vorgänge zur Ruhe kommen.«[12]

Das also ist eine – erste, vorläufige – Antwort Indiens auf die Muße, die der Philosoph Josef Pieper als »eines der Fun-

---

11 Das Kapitel »Muße« ist Udo Keller in dankbarer Erinnerung gewidmet.
12 Patañjali, *Die Wurzeln des Yoga*. Die klassischen Lehrsprüche des Patañjali mit einem Kommentar von P. Y. Deshpande; mit einer neuen Übertragung der Sûtren aus dem Sanskrit herausgegeben von Bettina Bäumer, Bern 11. Aufl. 2005, 21.

damente der abendländischen Kultur«[13] feiert: Muße ist, vom
Yoga aus beurteilt, unerlaubtes »Sich-gehen-Lassen«. Sie steht
im Gegensatz zu der Errungenschaft des Yoga, der diese Freiheit der Muße als eine Schwäche auslegen würde. Die Muße
sieht wie eine Entspannung schon *vor* dem Ziel aus, wie eine
unnötige Verlängerung des Weges zum Höhepunkt der Ru-
hehaltung.

Allerdings ist in Indien nicht alles Leben strenger Yoga.
Die »Ruhe« der yogischen Gedanken- und Gefühlsleere wird
nicht als Zustand postuliert. Sie ist ein Höhe- und End-
punkt, der nur nach langwährender Übung erreicht werden
kann und nicht von Dauer ist. Auf dem Weg zu diesem Höhepunkt sowie danach ist Muße möglich und auch notwendig. Allerdings hat Indien dafür keinen exakt entsprechenden Begriff formuliert.

Muße als Zwischenbereich

Versuchen wir, die europäische und die indische Lebenshaltung einander anzunähern und in einen Austausch zu bringen. Darum postuliere ich: Die Muße ist eine notwendige
und gesunde Stufe *vor* der inneren Ruhe. Muße ist – so betrachtet – eine Vorbereitung auf den seelisch-geistigen Ruhe-
zustand des Yoga.

Wir können uns zwei gegensätzliche Zustände vorstellen,
von denen es keinen unmittelbaren Weg zur Einübung in die
yogische Ruhe gibt. Der eine Zustand ist die *Zerstreutheit*,
bei der alle Kräfte des Verstandes und Gefühls unfokussiert

---

13 Josef Pieper, *Muße und Kult*, München 1948, 13 f.

und richtungslos zerfließen und die keinerlei solide innere Verfassung und auch keine entschiedene äußere Tat erzeugen kann. Der zweite Zustand ist die *intensive Tätigkeit* – sei es angestrengte Arbeit oder emotionale Erregung. Es ist undenkbar, von diesen beiden Extremzuständen ohne Vorbereitung in die Ruhe des Yoga zu gelangen. Darum brauchen wir einen *Zwischenbereich*, der zwischen dem Ungeordneten oder dem innerlich Intensiven und Erregten auf der einen Seite und dem Konzentrierten, Geeinten und Beruhigten auf der anderen vermittelt.

In einem solchen Zwischenstadium hat die Muße ihren Raum. Sie vertritt eine seelisch-geistige Gebundenheit, die so gefestigt ist, dass sie nicht in die Gefahr kommt, entweder in Zerstreuung oder innere Intensität und Erregung (zurück) zu fallen. Muße fühlt sich sicher. Gleichzeitig ist Muße frei und beweglich genug, dass sie nicht den unwiderstehlichen Sog spürt, in eine strenge Verengung der Gebundenheit zu geraten, die ins Einssein des Yoga münden würde.

Sodann füllt Muße auch den Raum *nach* dem Zustand der Konzentration und Ruhe aus, wenn Seele und Geist aus der yogischen Ruhe aufgetaucht sind und sie die Welt um sich wieder mit den Sinnesorganen wahrnehmen. Die Beruhigung von Gefühlen und Gedanken bleibt nachhaltig spürbar, und der Mensch möchte sie so lange wie möglich in sich bewahren. Hierbei hilft die Muße, die diesem Menschen vor einer schmerzlichen Konfrontation mit zu viel und zu aufdringlicher sinnenhafter Wirklichkeit schützt, indem sie nur ein behutsames Maß an »Welt«, und zwar in Form von harmonischen Gefühlen und *Gedanken,* hereinlässt.

Der Yoga des Patañjali ist weniger eine Philosophie als ein Leitfaden zur praktischen Einübung in jenen mentalen Beruhigungs- und Leerzustand, in dem sich Seele und Gott begegnen können. Auch die philosophische Lehre des Vedanta spannt sich vom Menschen unmittelbar hin zum göttlichen Grund des Seins, ohne einen Übergang, ohne eine hilfreich vermittelnde Zone. Was nach indischer Vorstellung zwischen dem Menschen und Gott steht, kann nicht als übende Vorbereitung auf und Hinführung zu dem göttlichen Seinsgrund dienen. Es ist nämlich *māyā*, eine mindere Wirklichkeit, die Schein, Täuschung ist, etwas, das rasch erkannt und überwunden werden soll. Alles, was nicht Gott und nicht göttliche Seele ist, gilt als Maya.

Wer jedoch in Indien lebt und die Glaubenspraxis beobachtet, dem wird klar, dass auch der Hinduismus jenen Bereich, der zwischen Mensch und Gott vermittelt, sehr wohl besitzt und nutzt. Die Vedanta-Philosophie ist lediglich ein System, das trocken und schematisch die Beziehungen zwischen Gott, Menschen und Welt definiert, jedoch nicht die Lebenspraxis beschreibt. Wie sieht dieser Zwischenbereich im Hinduismus aus?

Indien kennt viele Formen des heiligen Spiels (*līlā*), bei dem sich Gott und die menschliche Seele in vielschichtigem Austausch befinden. Im Christentum kennen wir die Liturgie und vor allem die Feste als heiliges Spiel. Im Hinduismus besteht auch die Grundstruktur eines jeden Gottesdienstes (*pūjā*) in den Tempeln oder an den Hausaltären der Familien aus einem heiligen Spiel: Die Gottheit wird rituell eingeladen, in der Statue »einzuziehen« und Wohnung zu nehmen. Daraufhin behandeln die Verehrer Gott in der Statue so, wie Hindus einen hohen Gast verehren würden. Zunächst werden ihm ein Bad und neue Kleider angeboten, man kämmt und schmückt den Gast, man fächelt ihm Luft zu. Danach reicht der Priester ihm Speise und Trank. Zum Schluss entlässt der Priester oder die Priesterin den Gast in Ehren, etwa mit Liedern, Muschelblasen und Trommelschlägen.

Spielerisch fromm, geradezu verspielt, sind andere Verehrungsformen in dieser Religion. Etwa um den mythischen Gott Krishna anzubeten, versetzen sich dessen Verehrer in die Rolle seiner mythischen Geliebten Radha: Sich in Radha mit allen Kräften der Fantasie hineinversetzend, verehren und lieben die Menschen Gott Krishna oder *als* Krishna verehren sie Radha. In den Verehrungsweisen ist stets viel Fantasie tätig, um die Liebe zu Gott zu hoher emotionaler Intensität, zu ekstatischer Begeisterung zu treiben. Gottesliebe ist heiliges Theaterspiel. Musik, Gemeinschaftsgesang, Rollenspiel, Litaneien sollen helfen, diese Begeisterung zu entfachen. Vielfältig und lebensbunt verwirklichen die hinduistischen Frommen ihre Beziehung zu Gott.

Josef Piepers »Muße und Kult«

Als Student bekam ich Josef Piepers schmale Schrift *Muße und Kult* in die Hand; sie stammt aus meines Vaters Bibliothek in Boppard. Es handelt sich um ein Exemplar der ersten Auflage (»Erstes bis fünftes Tausend«) von 1948. Auf der ersten Seite steht in Bleistift meines Vaters Name in dessen Handschrift und der Vermerk »Sept. 1948«. Offensichtlich hatte sich mein Vater dieses Buch sogleich nach Erscheinen gekauft.

Ich war Student in Wien, als ich Anfang der 1970er-Jahre dieses Buch in die Hand bekam, sehr ein Suchender, aber noch war ich nicht auf indische Philosophie gestoßen. In Wien litt ich unter der Anonymität des Wissenschaftsbetriebs. Auf mich allein gestellt, fühlte ich mich in der großen Stadt und der riesigen Universität nicht auf die Komplexität der Welt vorbereitet. Nirgendwo fand ich bestätigt, dass ich als Individuum liebenswert und meine Leistung als Student vielversprechend war. Es war eine verzweifelte Anfangszeit. Mit Albert Camus stellte ich mir die grundsätzliche philosophische Frage, welchen Grund es gebe, keinen Selbstmord zu verüben[14]. Ich war bereit zu mühevoller Arbeit, zum engagierten Lesen, zur gewissenhaften Aneignung der kulturellen Schätze. Doch womit beginnen? Und wie?

Mehrere Ereignisse und einige Bücher halfen mir, meine Lebenshaltung zu formen. Eines der Bücher war Josef Piepers *Muße und Kult*. Ich erinnere mich, wie tief mich damals diese kleine Schrift bewegte, weil sie mir durch das Wort »Muße« einen Inspirativbegriff schenkte, aus dem ich einen Weg aus der Orientierungslosigkeit finden konnte, in die mich das Gymnasium entlassen hatte.

Mir wurde gezeigt, dass die europäische Leistungsgesellschaft, in der ich mir verloren vorkam, ursprünglich aus Quellen schöpft, die dem äußerlichen, messbaren Leistungsdenken widersprechen. Dass dies abendländische Quellen sind, die gerade jene noch halbgeformten Menschen fördern können, die die Sehnsucht nach Vollendung spüren, ohne

14 Siehe Camus, *Der Mythos von Sisyphos*, 9.

noch zu wissen, wie diese Vollendung aussehen kann. Das sind Quellen, die nicht den Anspruch erheben, eine Theologie zu sein, die jedoch eine Lebensweise, eine Weltanschauung anbieten. Durch sie mögen die Suchenden dann zu einem theologischen Verständnis und zum Glauben hingeführt werden.

Der Trost, der aus diesem Buch floss, war fruchtbringend. Die Unterscheidung von *ratio* und *intellectus,* also von diskursivem Denken und intuitivem Erfassen, war für mich eine grundlegende Einsicht. Der Begriff des »einfachen Schaublicks«, den Pieper schuf, um den Auftrag des *intellectus* zu charakterisieren, zeigte mir, dass geistige Einsicht nicht so sehr auf harter Arbeit und überragender Intelligenz beruht, sondern wesentlich ein »Geschenk« ist, das durch »Mühelosigkeit«[15] erworben wird. Jene empfangen dieses Geschenk am ehesten, die sich für Einsichten und Erkenntnisse rückhaltlos öffnen und sich danach auf eine geduldige Bereitschaft zum Empfangen verstehen.

Als Student in den ersten Semestern war mir besonders wichtig zu erfahren, dass Intuition, Wahrheitserkenntnis, das »gute Leben« nicht allein durch die fleißige Lektüre schwieriger Bücher, durch Leistung in Seminaren und selbstbewusstes Auftreten zu erlangen waren, sondern eben durch Liebe – Liebe zur Wahrheit und Wahrhaftigkeit und Liebe zu den Menschen. Piepers Ausspruch, in Anlehnung an Thomas von Aquin, dass die größten Taten jene seien, die aus Liebe ganz mühelos gelingen[16], rettete mich.

---

15 Pieper, *Muße und Kult*, 30.
16 Pieper, *Muße und Kult*, 33 ff.

Ich fertigte mir ein vierseitiges Exzerpt aus dem Buch an, halb mit Schreibmaschine, halb mit Hand geschrieben, und legte es zu meinen Papieren, die ich 1973 nach Indien mitnahm. Das Exzerpt gehörte zu jenem *Vademecum* von zwei Dutzend Büchern und einer Mappe von Mitschriften, ohne die ich glaubte, nicht längere Zeit in Indien leben zu können, trotz aller Bereicherung, die mir dieses Land versprach. Bis heute ist das Exzerpt in meiner Mappe, inzwischen vergilbt und fleckig.

Die Voraussetzungen wahrhaftiger Muße

Muße soll nun als ein »Zwischenbereich« und Vorbereitungsstadium genauer umschrieben werden. Denn auf dieses »Dazwischen« kommt es an: auf den Bereich zwischen dem weltlichen Alltag und der Absorption in Gott. Die indische geistige Praxis lässt – wie wir sahen – diesen Zwischenbereich zu, als »Spielwiese«, auf der sich Gott und menschliche Seele annähern und kennenlernen. Josef Pieper schreibt zwar nicht von einem solchen Zwischenbereich, doch fügt sich dieses Konzept in sein Verständnis der Muße ein. Dieser Zwischenbereich ist nämlich fern vom diskursiven, angestrengten Denken und ebenso vom angestrengten Arbeiten und Nützlichkeitstun.

Als Erstes gebe ich zu bedenken, dass Muße nur möglich ist, nachdem man zuvor *nicht* müßig war. Wenn Pieper (mit Aristoteles) schreibt »Wir arbeiten, um Muße zu haben«[17], dann möchte ich diesen Satz verschärfen und sagen: Nur

17 Pieper, *Muße und Kult*, 14.

nachdem wir mit Konzentration und Konsequenz und Befriedigung gearbeitet haben, sind wir zur Muße fähig und berechtigt. Zerstreute, fahrige, häufig unterbrochene, lustlose und unbefriedigende Arbeit erteilt nicht die innere Berechtigung zur Muße. Eine solche Arbeit wird man höchstens abbrechen, nicht jedoch mit einem Gefühl des Erfülltseins abschließen können. Abgebrochen hängt man dieser Arbeit in Gedanken nach, um das Versäumte, die gesammelte Arbeit, doch noch, quasi symbolisch, zu erreichen und nachzuholen. Menschen, die sich in dieser Situation erschöpft zur Muße zurückziehen wollen, finden sie nicht, weil sie das Bedauern über die unbefriedigende Arbeit belästigt. Also: Die Qualität der Arbeit bestimmt die Fähigkeit zur Muße.

Im Abendland entsteht eine tiefere Berechtigung zum Wechsel zwischen Arbeit und Muße aus dem Wort der Genesis: »Am siebten Tage ruhte Gott ...« Darum darf auch das menschliche Leben in einem Rhythmus von Arbeiten und Muße verlaufen. Dieser Rhythmus ist eingebettet in die kosmischen Rhythmen von Tag und Nacht, von Sommer und Winter, vom Werden und Vergehen der Natur, in die Rhythmen von Einatmen und Ausatmen, Wachen und Schlafen. Das Genesis-Wort legt auch fest, dass diese Schöpfung und ihre Rhythmen nicht als Maya, als spielerischer Betrug des Schöpfers niedergeredet werden. Im Gegenteil, die Schöpfung ist »gut«. Beides ist also gut: Arbeiten und Nichtarbeiten. Aber aus Nichtarbeiten kann eben nur dann Muße entstehen, wenn gute Arbeit vorausging.

Muße stellt sich also nur dann ein, wenn der Mensch die Fähigkeit zur konzentrierten Arbeit besitzt, gleichzeitig aber auch die innere Freiheit hat, diese Konzentration nicht bis zur Erschöpfung durchhalten zu wollen. Muße haben setzt voraus, dass der Mensch dann innehält, wenn die *seelische Spannung* der Muße noch möglich ist. Denn auch Muße bedarf der Wachheit, der Energie. Es ist allerdings eine Energie, die dazu fähig ist, sich selbst zu erneuern. Muße verlangt *und* schenkt Energie.

Beispiele von mußevollen Tätigkeiten

Wir haben den Zwischenbereich der Muße auf der Seite der Anstrengung abgegrenzt und verständlich gemacht. Auch von der anderen Seite, dem zerstreuten Leben, will ich Grenzen schaffen. Wir erwähnten schon, dass Muße nicht aus der Zerstreuung kommen kann. Muße ist nicht Erholung: nicht Schlaf, nicht Urlaub, nicht Stammtisch und Skatrunde. Muße ist nicht bequemes Am-Strand-Liegen und nicht Fernsehen. Denn Muße wird im Gegensatz zu dieser gesamten Sphäre (wie gesagt) von einer seelischen Spannung getragen.

Muße ist fern von fieberhaften, triebhaften Fantasien, weit weg von Ehrgeiz, Geltungswillen und von Eifersucht, von heftig ausgelebten Enttäuschungen, Abneigungen und Ekelgefühlen – entfernt von Egomanie und jeder Art eines Soges. Muße möchte sich von diesen Leidenschaften erholen und zu ihnen eine bleibende Distanz gewinnen.

Muße ist ein Hellwachsein und eine Aufnahmefähigkeit für sinnliche, emotionale und seelische Eindrücke, ein Innehalten und Bereitsein. Muße ist »Kontemplation des Weltlichen«, die aber durchlässig ist zur Kontemplation des Transzendenten.

In der Muße wirkt das assoziative Denken, das beruhigte Fantasieren, das Tagträumerische. Muße genießt diese Freiheit der Assoziationen und der Fantasien, weil sie schöpferisch sind, also zu neuen Konstellationen des Denkens und Fühlens hinführen und so zu neuen Bewusstseinszuständen und geistigen Erfahrungen.

Nennen wir Beispiele: Der Zwischenbereich der Muße offenbart sich im langsamen, genüsslichen Essen. Essen ohne Gier, womöglich in angenehmer Gesellschaft und Umgebung, ist schönste Muße. Ebenso sind andere langsame, ohne Konkurrenz-Mentalität ausgeübte Tätigkeiten erfüllt mit Muße, etwa Musikhören und Kunstbetrachtung, Wandern, Weintrinken und der Besuch in einem Kaffeehaus, das Erlebnis von Landschaften und anderen Räumen, das Liebesspiel vor dem Geschlechtsakt. Der Mensch hat Muße, der ein Buch ein zweites Mal liest – eben nicht um es kennenzulernen, sondern um es noch feiner und tiefer zu erfassen und sich daran zu erfreuen.

Muße sind bewusst ausgeübte und erlebte, mit Genuss erfahrene Tätigkeiten. Sie leiten hin zum Schauen, Betrachten, Beobachten, zum »einfachen Schaublick«, der schon halb geistige Kontemplation ist und zu ihr aufsteigen kann. Muße lebt in sinnenhaften Bezügen, im verfeinerten sinnenhaften Genießen und hütet sich darum vor immer stärkeren Abstraktionen.

Muße erfährt die sinnenhafte Welt aus einer inneren Distanz. Sie nimmt am Geschehen nicht teil, sondern sie lässt es geschehen.

Die Menschen haben Muße, wenn sie einen Kirchenraum, einen bestimmten Platz in einer Stadt, einen Friedhof, einen Park oder einen Garten wieder und wieder besuchen, weil sie darin Kräfte spüren, sich aufgenommen fühlen – obwohl an diesen Orten nichts »Neues« zu erwarten ist.

Muße hat etwas mit Wiederholung zu tun. Darum auch ihre Nähe zu Ritus und Feier. Muße sucht – wie der Meditierende – nicht das Immer-Neue, sondern erfreut sich an dem Immer-Alten, sie »begnügt« sich.

Spinnen wir den Faden weiter: Muße verneint das Denken nicht, sie empfindet keine Trauer, wie es etwa George Steiner tut, dessen Essay *Warum Denken traurig macht*[18] die Endlosigkeit und Unentrinnbarkeit der Denkvorgänge beklagt. Allerdings heroisiert Muße Ideen auch nicht, denn das hieße, sie festzuschreiben, zu Strukturen und Ideologien zu zementieren. Und das würde sie wiederum zu Instrumenten des Denkens und des Handelns verfertigen, was Muße eben nicht anstrebt.

Muße empfindet sich als Geschenk – nicht nur für die Konzentration und die Arbeit, die getan und mit Zufriedenheit erledigt ist, sondern als Geschenk für die bewusste zeitweise Zurücknahme von Tatwillen und Leistung.

Muße will *genießen*, ohne zunächst einen Nutzen daraus zu ziehen als eben diesen Genuss. Aber dieser Genuss soll fein ausgekostet werden. Muße hat nichts mit Hedonismus, nichts mit aggressiver Sinnlichkeit zu tun. Muße ist immerzu bestrebt, das Maß, den Ausgleich, die Integration zu erreichen. Genießen-Können heißt darum nichts anderes, als das dankbar anzunehmen, was man ohne Gier bekommt, und darin die Fülle zu erfahren. Die Kunst des Genießens ist die Kunst der klugen Bescheidung, nicht die der Gier nach immer mehr Erlebnissen, nach Erlebnissen, die unerreichbar sind oder unklug wären.

---

18 George Steiner, *Warum Denken traurig macht. Zehn (mögliche) Gründe*, Frankfurt am Main 2006.

Muße

Das heißt, Muße nimmt das geistige Schauen und die sinnenhaften Erlebnisse langsam auf, denn genießen ist nur langsam möglich. So wie Wein langsam getrunken werden will, eine Landschaft nicht mit einem raschen Blick verinnerlicht werden kann; selbst die Liebe kommt nicht in einer hastigen Ekstase zur Erfüllung, sondern bedarf der sorgfältigen Zartheit und Zuwendung.

Muße wird entwertet, wenn sie auf eine direkte Nutzanwendung abzielt. Muße will im gegenwärtigen Augenblick leben und *für* diesen Augenblick erleben. Der »Gewinn« in Form von schöpferischen Gestaltungen stellt sich erst später ein. Das angesammelte Kapital der Muße wird eines Tages seine Früchte hervorbringen, gewiss, aber es werden unvorhersehbare Früchte sein, die zu einer unbestimmbaren Zeit geerntet werden.

All dies bedeutet: Sosehr Muße Freiheit und freie Assoziation beinhaltet, sie ist dennoch nicht leicht zu schaffen und zu erhalten. Immer wieder funken diese Blitze des diskursiven Denkens oder des zielgerichteten Wollens dazwischen und wühlen die Muße auf. Martin Heidegger nannte Muße »das besinnliche Denken«. Es »verlangt«, schrieb er, »bisweilen eine höhere Anstrengung. Es erfordert eine längere Einübung. Es bedarf einer noch feineren Sorgfalt als jedes andere echte Handwerk. Es muss aber auch warten können wie der Landmann, ob die Saat aufgeht und zur Reife kommt.«[19]

19 Martin Heidegger, *Gelassenheit*, Pfullingen 1959, 13.

Kehren wir zurück nach Indien. Wir haben die Muße innerhalb des strengen Yoga-Systems und der Vedanta-Philosophie vermisst; wir haben die Muße aber im religiösen Spieltrieb indischer Gottesverehrer gefunden.

Zunächst ein Wort über die Arbeit. Piepers Schreckensvisionen von der totalitären Arbeitswelt, die er in »Muße und Kult« immer wieder evoziert, haben sich in Europa leider vielfach erfüllt. Für Muße gibt es kaum Verständnis und Zeit. Der Raum, den sie einnehmen sollte, wird von der Arbeit verdrängt, die im Wettkampf gegen die Arbeitslosigkeit, im Wettkampf um Geld und Karriere steht.

Und in Indien? – Dort ist bloßes *Arbeit-Haben* ein unschätzbar hoher Wert. Denn Arbeit-Haben bedeutet, einen Verdienst zum Lebensunterhalt zu besitzen. Die Sorge, keine Arbeit zu bekommen oder die Arbeit zu verlieren, beunruhigt die armen Menschen, aber ebenso die Menschen der Mittelklasse. Denn die Mittelschicht kennt zu viele Menschen aus ihren eigenen Reihen, die plötzlich in Armut abgestürzt sind. Die Schreckensvision ist nicht die totale Arbeitswelt, sondern der Hunger und der Verlust von gesellschaftlichem Prestige.

Das bedeutet, dass Arbeit einen so hohen Wert besitzt, dass Nicht-Arbeiten gleich welcher Art kaum einen Wert annehmen kann. Der Handarbeiter, der keine Arbeit hat, langweilt sich, er fühlt sich leer. Er wartet nur darauf, wieder Arbeit zu bekommen. Er ist unfähig zur Muße. Muße als »Feierabend«, als in den Alltag eingefügtes, säkulares, kulturschaffendes Element ist nicht vorhanden.

Doch im religiösen Bereich lässt sich in Indien ein Ort für Muße entdecken. Wir haben ihn schon im Zusammenhang mit dem *religiösen Spieltrieb* beschrieben. Feiern wie eine Puja und die abendlich gesungenen Litaneien zu Ehren von Krishna sind mußevolle Beschäftigungen. Fügen wir dem eine weitere Überlegung hinzu, nämlich über die *indische Denkweise.* Pieper unterscheidet zwischen *ratio* und *intellectus,* also zwischen dem diskursiven, ergebnisorientierten Denken und dem schauenden, intuitiven Denken. Dieselbe Unterscheidung kennen wir in der indischen Philosophie: Als *manas* wird das Organ des einfachen Denkvorgangs bezeichnet und als *buddhi* das Organ, in dem sich Intuition, das tiefere, geistige Verständnis, entfaltet.

Indische Philosophie vertraut viel stärker der Intuition als dem diskursiven Denken. Allgemein gesprochen: Uns haben in Europa Rationalismus und Aufklärung gelehrt, »vernünftig« zu sein und die Dinge »durchzudenken« und zu »hinterfragen«. Indien sucht bei Problemstellungen nicht so sehr nach den passenden Denkschritten, sondern nach den richtigen *Vorbildern* und vorbildhaften *Geschichten.* Sie finden sich in der *Mythologie.*

Nehmen wir das Beispiel von Rabindranath Tagore (1861–1941), dem indischen Nationaldichter. Seine Essays vermeiden das diskursive Schritt-für-Schritt-Denken und leben aus der Evokation von Gefühlen. Es sind knappe Sentenzen wie Aphorismen, kurz umrissene Metaphern oder Geschichten. Solche Essays wirken wie lange Prosagedichte. Dieses Fehlen einer gegliederten Gedankenfolge stiftet jedoch nicht Verwirrung, nein: Die Essays umreißen einen lebendigen assoziativen Zusammenhang, den wir am ehesten intuitiv verstehen können.

Die indische Denkweise möchte die Menschen und das Menschliche deifizieren, also in die Sphäre der Götter und des Göttlichen heben. Zuneigung und Liebe steigert sich in Indien rasch und unkompliziert zur Verehrung. Der eigene Guru wird zum »göttlichen Guru«, der Vater und die Mutter, die Lehrer und Lehrerinnen, die politischen Anführer und sozialen Reformer werden von der Allgemeinheit in die Sphäre des Göttlichen gehoben. Nehmen wir als Beispiel die Bollywood-Filmstars. Es ist kaum zu glauben, aber es stimmt: In Indien werden ihnen Tempel gebaut, und darin verehrt man rituell ihre Fotos. So durchlässig ist das Menschliche hin zum Göttlichen!

Wer so empfindet, hat auch einen Sinn für die geistige »Schaukraft der Engel«[20], die Pieper beschwört, um die transzendente, die »übermenschliche« Dimension der Muße zu beschreiben. Diese Dimension ist, wie wir sehen, dem indischen Empfinden geradezu angeboren, und *insofern* sind indische Menschen – mehr wohl als Abendländer – begabt für die Muße.

Wenn Josef Pieper mit Thomas von Aquin dafür eintritt, dass es im Abendland »zur Vollkommenheit der menschlichen Gemeinschaft« auch »Menschen gibt, die sich dem [...] Leben der Beschauung hingeben«[21], also der *vita contemplativa*, dann läuft er mit dieser Forderung in Indien offene Türen ein. Solche sich der Beschauung hingebende Menschen gibt es heute noch genügend. Und nicht nur das, sie stellen einen der Urtypen des religiösen Menschen dar. Sie heißen *sannyāsī* oder *sādhu*. Das sind Bettelmönche, die

---

20 Pieper, *Muße und Kult*, 27.
21 Pieper, *Muße und Kult*, 45.

ständig unterwegs sind oder die in Ashrams, in kleinen, losen Gemeinschaften, wohnen. Ihre gesellschaftliche Aufgabe besteht darin, außerhalb der Gesellschaft zu leben.

Muße durch Selbstbescheidung

Ein Gedanke, der sich bei Josef Pieper nicht findet, der ihm aber wesensverwandt ist, heißt: *Muße gewinnen jene, die sich bescheiden können*, die sich abfinden mit der Unvollkommenheit der Welt und der Unvollkommenheit ihrer eigenen Lebensleistung. Das ist ein Überwinden des frühen Idealismus, des Schaffenswillens, der irrigen Selbsteinschätzungen und des Geltungsdrangs. Sie alle welken, werden schwächer, und viel davon fällt ab. Nicht dass sie Irrtümer einer unreifen Lebenszeit gewesen wären. Sie waren notwendig, damit jetzt die *Selbstbescheidung* möglich ist. Denn Menschen, die aufgeben, ohne das Bestmögliche angestrebt zu haben, werden bitter, zynisch, sie verzweifeln über sich selbst. Menschen, die nach einem bemühten Leben wissen, dass das Höchste unmöglich war – für sie und allgemein –, die mögen in ein Bedauern, in eine Melancholie gleiten. Doch haben sie die Reife gewonnen zu erkennen, dass sie das ihnen *persönlich* Höchstmögliche erreicht haben, und damit sollen sie zufrieden sein. Denn die Selbstbescheidung baut stets auf einem robusten Realismus auf, der uns sagt, dass es Vergeudung von Zeit und Energie ist zu bedauern, was nicht möglich war. Überhaupt meine ich, dass die Melancholie die zarte Schwester der Muße ist.

Solche Selbstbescheidung hat auch insofern Sinn, als sie einhergeht mit der Erkenntnis: Was *ich* nicht tun konnte, haben andere erreicht. Die Werke einzelner Menschen sind für die ganze Menschheit geschaffen. Ich soll mich dankbar an ihnen erfreuen. Sie wurden von Menschen wie mir und für Menschen wie mich geschaffen. Wichtiger als das egoistische Bewusstsein, was *ich* in meinem Leben tun konnte, ist das Bewusstsein, dass es Menschen, wie ich einer bin, gibt, die große inspirierende Werke – in Musik, Kunst, Tanz, Lyrik, Theater – schaffen konnten. Ich darf und soll mich an ihnen dankbar erfreuen. Im Vertrauen darauf, dass die eigene Tätigkeit zwar wichtig ist, dass es jedoch noch tausend andere Tätigkeiten gibt, die ebenso wichtig oder wichtiger sind, kann ich die *Gemeinschaft der schöpferischen Menschen* in den Blick nehmen. Überall webt und weht der schaffende Geist, er verbindet und vereint eine Vielzahl von Menschen. Inmitten dieser Vielzahl habe auch ich einen mir eigenen Ort. In diesem Abstand zu den Dingen, sogar zum eigenen Werk, zum eigenen Leben, ist Muße echt und fruchtbar.

Aus diesen Überlegungen scheint hervorzugehen, dass Muße eine Angelegenheit des gereiften Alters ist und für junge Menschen weder möglich noch erstrebenswert ist. Ganz so ist es nicht. Es gibt auch eine *Muße der Jugend*. Sie entfaltet sich aus dem Bewusstsein, dass man viel Zeit hat, viel Lebenszeit. Man spürt sie als einen unendlichen Besitz, weil man mit dem Gefühl noch nicht das Ende der Lebenszeit berührt. Dieses Bewusstsein des unermesslichen Zeithabens lässt nicht das Gefühl aufkommen, dass Zeit »vergeht«, also auch nicht, dass man Zeit entweder »vergeudet« oder »nutzt«. Es lässt nicht das Gefühl für die Unwiederbringlichkeit jeden Augenblicks entstehen. Aus dieser Leichtigkeit sprudelt die Muße der Jugend.

Später entsteht und wächst der gesellschaftliche Druck. Das Bedürfnis, sich mit dem anderen Geschlecht zu verbinden, erzeugt Pflichten und Notwendigkeiten. Der Ehrgeiz, im Beruf zu reüssieren, fügt junge Menschen in Systeme ein. Idealismus, Schaffenswillen, Prestige, Familie straffen das psychologische Netz, in dem sich die Menschen gefangen sehen. Solange diese Erfahrungen im Vordergrund des Erlebens stehen, ist es unrealistisch, Muße pflegen zu wollen, es sei denn, man ist für die »höhere Anstrengung« Heideggers bereit. Erst wenn sich, wie gesagt, Lebenskapital angesammelt hat und das Lebenswerk sich beginnt zu runden oder schon vollbracht ist, wird Selbstbescheidung möglich und Muße leichter zu verwirklichen. Die Muße des reiferen Lebens hat sich ohne Bitterkeit von so manchem Druck befreien können. Ihr Tenor ist Dankbarkeit gegenüber dem Leben.

4
Trauer und Versöhnung

Allen Erfahrungen der Sinne zum Trotz behaupten die Upanishaden, die mystischen Schriften der Hindus:

Der [Gott-]Schauende schaut nicht den Tod,
noch Krankheit, noch auch Leid.
Der Schauende schaut das Ganze,
er erlangt die Ganzheit überall.[22]

Oder ähnlich:
Wenn man Gott erkennt, fallen alle Bande ab.
Wenn alle Befleckungen verschwunden sind,
hören Geburt und Tod auf.
Wenn man über IHN meditiert,
kommt ein dritter Zustand
bei der Auflösung des Körpers:
die vollkommene Herrlichkeit.
All-eins geworden, sind alle Wünsche vollendet.[23]

Das heißt, der Tod wird verneint. Er besteht nicht wirklich. Wenn die Menschen ins Jenseits hinübergehen, ist das ein

22 Chandogya Upanishad VII, 26, 2.
23 Svetasvatara-Upanishad I, 11.

Wechsel von einer Existenzform zu einer anderen. Für die Sinne nicht erfassbar, *ist* der Mensch nach dem körperlichen Tod weiterhin.

Das Mysterium des Todes besteht in der verstörenden Tatsache, dass der Mensch von einer *sichtbaren* Existenzweise in eine *nicht-sichtbare* Existenzweise wechselt und dass diese zweite Existenzweise ohne natürliche Beweise bleibt. Sie stützt sich auf Offenbarung und Glauben und auf die Traditionen der kulturellen und religiösen Vorstellungen. Diese numinose Erfahrung, in einem Augenblick einen lebendigen Körper vor sich zu sehen und im nächsten Augenblick diesen Körper leblos, tot zu sehen – den raschen Kontrast zwischen der Nähe des Lebendigen und der Ferne des Todes wahrzunehmen –, löst explosive Trauer aus. Er ist mit hellwachen inneren und äußeren Sinnen kaum zu ertragen. Dieses Unerträgliche annehmbar zu machen, sich mit diesem Mysterium zu versöhnen, darum bemüht sich der Totenkult der Religionen, darum entfaltet er seinen komplizierten Reichtum.

Bewahrung und Vernichtung

Auf den plötzlichen Wechsel von lebendigem zu totem Körper reagieren die Religionen unterschiedlich. Christen bewahren den toten Körper, balsamieren ihn ein, hüllen ihn in Tücher, legen ihn in eine kostbare Hülle, einen Sarg, senken den Leichnam in gesegnete Erde an einem ruhigen, nachdenklichen Ort, auf einem Friedhof. Die »Ruhe der Toten« ist dem christlichen Abendland, aber auch den Juden und Muslimen, kostbar. Dieser Kult des Festhaltens an dem, was noch festzuhalten ist, trieb grandiose Exzesse im alten Ägypten, wo die Leichname der Aristokratie mumifiziert und in Pyramiden aufbewahrt wurden.

Der Hinduismus und Buddhismus haben den Gegenweg eingeschlagen: Der Leichnam wird zerstört, das letzte Sichtbare des Menschen zunichte gemacht. Die Verbrennung ist die übliche Form der Bestattung. Ich habe zwar erlebt, dass man Fotos der Verstorbenen zusammen mit den Familienmitgliedern aufnimmt, doch diese Fotos oder frühere Porträtfotos der Verstorbenen habe ich nirgendwo in den Dörfern aufgehängt oder aufgestellt gesehen. Sie bleiben in Kästen oder Alben verborgen. Keine gesegnete Erde. Kein Grabstein, keine Plakette erinnern an die Toten. Sie verschwinden aus dem Blickfeld.

Mehrmals allerdings habe ich in den Hütten der Dorfbevölkerung einen anrührenden Brauch beobachtet: Die Fußsohlen des Verstorbenen wurden mit roter Farbe, der heiligen Farbe des Glücks, bestrichen und auf ein Stück Papier gedrückt. Dieser Abdruck wurde gerahmt und hinter Glas aufgehängt. Füße sind verehrungswürdig in Indien; Füße, die niedrigsten Glieder des Menschen, die ständig mit dem Staub der Erde in Kontakt kommen, zu berühren (*pranāma*), ist eine Geste äußerster Demut. Nur die Eltern, der Guru und die Lehrer verdienen ein solches Symbol der Verehrung. Den Fußsohlenabdruck abzunehmen und ihn aufzuhängen bedeutet also, etwas Verehrungswürdiges in die sichtbare Welt hinüberzuretten. Allerdings handelt es sich um kein individualisiertes Abbild, sondern eben um eine abstrahierte, symbolhafte Darstellung des toten Menschen.

In der *Verbrennung* kehrt der Körper zur Erde zurück; die Aschermittwochsmahnung »Gedenke, o Mensch, dass du

Staub bist und zum Staub zurückkehrst« wird konkret-bild-
liche, für alle Sinne erlebbare Wirklichkeit. Hindus empfinden die drei feinstofflichen Elemente Luft, Wasser und Feuer
als reinigende Elemente. Sie reinigen auf unterschiedliche
Art. Luft reinigt auf die sanfteste Weise: Sie bläst den Staub
auf den Blättern davon. Wasser wäscht durch anschmiegen-
des, aber hartnäckiges Durchdringen. Feuer ist aggressiv. Es
reinigt, indem es alle Formen zerstört. Nur das Edelste –
Gold – hält der Hitze des Feuers stand. Was im Feuer von
den Formen zurückbleibt – die Asche –, gilt als der reinste
Stoff, der selbst reinigende und heiligende Potenz besitzt.
Mit Asche putzt man sich in indischen Dörfern die Zähne.
Frauen nehmen Asche, um Öl vom Kochgeschirr abzureiben.
Im Tempel tupft der Priester den Gottesdienstbesuchern
Punkte aus geheiligter Asche (*vibhuti*) auf die Stirn. Asketen
bestreichen ihren Körper mit heller Asche.

Auf dem Holzstoß wird der Leichnam entkleidet, mit Öl
eingerieben und nackt dem Feuer ausgesetzt. Üblich ist, den
Leichnam im Mund zu entzünden. Die Männer sitzen um
den Scheiterhaufen und schauen zu, wie die Flammen den
toten Körper allmählich auflösen. Wie die dunkle Haut weiß
wird, dann die Flammen zum Fleisch vordringen und die
Knochen freilegen. Wie sich der Körper durch die Hitze auf-
bäumt, biegt und dreht, bis das Skelett zurückbleibt, das bleich
in der Glut liegt und immer mehr die menschlichen Formen
verliert. Wenn die Flammen Nase und Mund und Ohren
getilgt haben und die Haare und Kopfhaut versengt sind, wird
der Schädel sichtbar. Dann kommt einer der Helfer des Ver-
brennungsplatzes und zerschlägt den Schädel mit einer langen
Bambusstange. Rituell gesehen ist dies der eigentliche Augen-

blick des Todes. Mit dem Rauch des Feuers steigt die Seele aus dem geöffneten Schädel in ihr Reich hinauf.

Für die nahen Angehörigen muss es grausam sein, zu erleben, wie die Gestalt des geliebten Menschen innerhalb einer knappen Stunde im Feuer unkenntlich wird und dann aufhört, Gestalt zu sein. Darum nehmen Frauen an den Verbrennungen nicht teil. Ich habe erlebt, dass sogar die nächsten männlichen Familienmitglieder, sobald der Sohn den Leichnam entzündet hat, beiseitegeführt wurden.

Wie radikal ist dieses Offenlegen der Wirklichkeit! Kein Schleier, kein Wegschauen, keine Tücher, in die der Leichnam gewickelt ist! Mich erinnert dieser in Indien alltägliche Vorgang an unsere christlich-europäische Tradition des Totentanzes. Sie will auch die Drastik der Todeswirklichkeit darstellen. Doch ist der Totentanz immerhin ein Spiel, nicht die Wirklichkeit.

Sollten wir eine gewisse Unsensibilität von diesem Offenlegen der Verhältnisse in Indien ableiten? – Ich vermute, dass atavistische Instinkte in indischen Menschen weniger verschüttet und verdrängt sind als in mitteleuropäischen Menschen. Für diesen Unterschied ließen sich vielerlei Beispiele anführen. Jedenfalls fügt sich die Art der Verbrennung durchaus in das Gesellschaftsleben der Bevölkerung ein, ohne Fremdkörper zu sein. Die Zeitungen und das Fernsehen zeigen zum Beispiel Fotos von Toten durch Unfälle, Terroranschläge, Polizeibrutalität groß und deutlich mit Blut und zerschlagenen und zerfetzten Gliedern. Visuelle Gewalt ist noch kein »Problem« in der indischen Öffentlichkeit.

Darum starren Besucher aus Europa mit fasziniertem Schrecken auf die Verbrennungsplätze Indiens. Einer dieser engagierten Voyeure ist der österreichische Schriftsteller Josef Winkler. Sein Roman *Domra* (Frankfurt am Main 1996) besteht aus einer langen Reihe von minutiösen Schilderungen der Vorgänge, die er in der Pilgerstadt Benares am Verbrennungsplatz auf dem Gangesufer wochenlang beobachtet hat. Auch später ist er immer wieder an jenen Ort zurückgekehrt. Ebenso hat der Beat-Lyriker Allen Ginsberg in den 1960er-Jahren Tag und Nacht am Gangesufer gehockt und dann in seinem *Indischen Tagebuch* (München 1972) geschildert, auf welch – für ihn – bizarr-schaurige Weise die Leichen verkohlt sind.

Es gibt einen philosophischen Grund, weshalb es nicht auf Widerstand stößt, dass die Vergänglichkeit des heilen Körpers dergestalt offengelegt wird. Hindus rechnen grundsätzlich den Körper dem materiellen Bereich zu. Die Seele, *ātman* oder *purusha* genannt, wohnt dem Körper inne, doch verbindet und vermischt sie sich nicht mit ihm. Nach dem Tod lässt die Seele den Körper als bloße materielle Hülle zurück. Warum sollte ihm besondere Ehre erwiesen werden! Der christliche Glaube an einen Himmel, in dem der Verstorbene mit Seele *und* – einem verklärten – Leib wohnt, bedeutet, dass der Körper als Gefäß der Seele verehrt wird. Auch der Körper ist also erlösungsfähig, auch er wird – verklärt – bei Gott wohnen.

Zurück zur Leichenverbrennung in Indien: Nachdem der Scheiterhaufen niedergebrannt ist, sammeln die Angehörigen die Asche des Verstorbenen in einem Krug und streuen sie in einen Fluss. Das heißt, der kleine, geläuterte Rest des Toten wird dem Wasser, dem Symbol des Ungeschaffenen, übergeben. Wasser ist Symbol jenes Urelements, aus dem sich nach der Mythologie am Anfang der Zeit die Schöpfung entfaltete. Auch die Götterstatuen werden zum Beispiel nach oft tagelangen Festen, den sogenannten *pūjās*, rituell dem Ganges oder einem anderen Fluss oder einem Teich übergeben, damit das Materielle und das Geistige der Götterstatuen zu ihren Ursprüngen zurückkehren: die Materie zur Urmaterie oder den Urwassern, das Geistige zum Göttlichen.

Besonders »reine« Menschen brauchen nach ihrem Tod nicht diese radikale Läuterung durch das Feuer. Ihre Körper werden im Allgemeinen einem Fluss anvertraut. Als solche reine Menschen gelten Kleinkinder und Mönche. Im Wasser lösen sich ihre Körper allmählich und sanft auf und vereinigen sich mit den Elementen. Die Mönche haben nämlich bei ihrem Mönchsgelübde schon der Welt entsagt, sie sind »der Welt gestorben« und bedürfen darum keiner Totenriten mehr.

In Europa hat der christliche Glaube, dass der Leib des Menschen an der Auferstehung teilhat, zu einem verklärenden Umgang mit dem Körper des Toten geführt. Die Leiche wird meist schön zurechtgemacht und zum Anschauen – oft geradezu zur Verehrung – ausgestellt. Es ist Brauch, dass Verwandte und Freunde die Leiche noch einmal anschauen, bevor sie in einen Sarg gelegt wird. Das Gesicht ist mit Rouge getönt, als lebe der Mensch noch und schlafe nur. Im Christentum bleibt der Leichnam Schöpfung. Ein solcher Umgang mit der Leiche ist das Gegenbild zum Hinduismus, bei dem die Tatsache der Vergänglichkeit, des Todes hart und unbarmherzig betont wird.

Trauer drückt sich in Indien explosiver aus als im mitteleuropäischen Raum. Die Frauen weinen laut, schütteln sich und werfen die Arme vors Gesicht. Ihre Trauer schütten sie laut und unbefangen aus. Niemand macht den Versuch, die Gefühle zu kontrollieren. Im Allgemeinen verhalten sich die Frauen in der Öffentlichkeit reserviert und in sich gekehrt. Auch Verliebtheit und Zorn können diese Zurückhaltung selten brechen. Einzig Trauer dürfen sie im Kreis der Familie und Nachbarn extrovertiert und ohne Scham und Furcht zeigen. Wie heilsam es ist, Trauergefühle nicht aufzustauen, ahnen wir.

Auch von männlichen Angehörigen wird erwartet, dass sie weinen. Die Trauer soll nicht nur ein innerer, sublimierter Vorgang sein. Weinen gilt weder als »unmännlich« noch als unerlaubt sentimental. Die Umgebung schätzt sogar spontane Tränen als Beweis des Schmerzes. Wer sie nicht vergießen kann, wird es sich selbst zum Vorwurf machen: »Ich habe beim Tod meiner Mutter nicht einmal weinen können.«

Je nach Kaste folgt auf die Einäscherung eine Trauerzeit von meist zehn bis dreizehn Tagen. In dieser Zeitspanne befolgen die engen Verwandten gewisse asketische Regeln als Ausdruck ihrer Trauer. Sie essen keinen Reis, die übliche Nahrung, sondern nur Obst und ungewürzte Speisen. Sie tragen einfache, weiße Gewänder wie Mönche; die Männer rasieren sich ihr Kopfhaar; andere müssen zumindest Bart und Schnurbart entfernen. Die Witwen zerbrechen ihre Armreifen, entfernen den roten Strich im Scheitel, das Merkmal der verheirateten Frau, und legen ihren Zierrat ab. Während dieser Zeit gelten die Trauernden als rituell unrein. Sie betreten keinen Tempel, zelebrieren selbst keine Riten, auch nicht im eigenen Haus; Eheleute schlafen getrennt. Während dieser Zeit glaubt man, dass die Seele noch heimatlos umherirrt und den Lebenden Schaden zufügen kann.

Nach einem Todesfall bleiben die Kinder in den indischen Dörfern einige Tage lang, sobald die Dunkelheit beginnt, in ihren Hütten. Denn die Seelen der Toten geistern umher und könnten ihnen Schrecken einjagen. Der geliebte Mensch ist zum Ganz-Fremden, sogar zu einer Gefahr geworden. Erst nach und nach legt sich diese Furcht, und die Angehörigen nehmen an, dass durch ihre Opfer die Toten den Weg ins Reich der Ahnen gefunden haben.

Nach Ablauf der Frist findet die Trauerfeier (*śrāddha*) statt. Die Riten, von den Familienangehörigen im Haus des Verstorbenen ausgeführt, sind noch voll von Schwermut und Tränen. Wenn aber die Gäste aus der Nachbarschaft und der weiteren Verwandtschaft eintreffen, um zum Abschluss der Totenfeier ein gemeinsames Mahl einzunehmen, beginnt wieder das Alltagsleben. Ich bin immer erstaunt gewesen zu erleben, wie rasch und scheinbar übergangslos die Konventionen der Trauer den Konventionen der Gastfreundschaft weichen. Denn die Gäste der Trauerfeier besuchen nur einmal kurz den Ort, an dem die letzten Riten gefeiert wurden und oft ein Foto des verstorbenen Menschen, mit Blumen umkränzt, ausgestellt ist. Dann gesellen sie sich fröhlich zu den anderen Gästen und werden ebenso fröhlich von den gastgebenden Familienangehörigen des Toten empfangen. Sie achten darauf, dass ihr gesellschaftliches Prestige durch eine vollkommene, großzügige Achtung der Gastgeberrolle gewahrt bleibt.

Wie anders gestaltet sich unsere »Trauerarbeit« in Mitteleuropa! Schon das Wort signalisiert den Willen zu einer bestimmten Form von Disziplin. Man vermeidet eher, spontane Trauer zu zeigen, empfindet extrovertierte Trauer oft als peinlich. Man versucht, das Mysterium des Todes »abzuarbeiten«, will sagen: ihren ganzen Ernst zu spüren und über längere Zeit wirken zu lassen. Dabei kommt die Versuchung, den Tod von seinem geheimnisvollen Kern lösen zu wollen und ihn nur noch auf der praktischen und materiellen Ebene zu »bewältigen«. Jeder Tod bringt Veränderungen, die die Verwandten über Wochen beschäftigen; das sollte aber nicht die eigentliche Trauerarbeit sein.

Uns ist kaum noch die befreiende Wirkung des Ritus bekannt. Wir Mitteleuropäer neigen dazu, Ritus als unnötig, beinahe lächerlich zu empfinden. Statt gemeinsam zu feiern und in der Gemeinschaft Trost zu empfinden, »arbeiten« wir lieber – allein.

Bezeichnend ist eben, dass wir diese Trauerarbeit weitgehend allein – einsam – leisten. Die typische Reaktion auf einen Tod hierzulande ist, dass wir die Trauernden allein lassen. Wir nehmen nämlich an, dass »sie genug mit sich selbst zu tun haben«, dass sie »Ruhe« und »Besinnung« brauchen. Wir wollen sie in ihrer Trauer »nicht stören«. Selten fällt uns ein, dass die Trauernden vielleicht gerade jetzt Gemeinschaft brauchen, nämlich die Versicherung der Lebenden, dass sie, die Trauernden, noch unter den Lebenden weilen, dass sie zwar einen geliebten Menschen verloren haben, dass jedoch alle anderen geliebten Menschen weiterhin in der Nähe sind. Angenehm empfinde ich es allerdings, dass im christlichen Bereich die Verpflichtung zu jener Vielzahl von Riten, die Hinduismus und Buddhismus kennen, nicht besteht. Die Trauer darf sich verinnerlichen, muss nicht in oft leeren oder von den Trauernden nicht mehr verstandenen Riten ausgedrückt werden. Rituelle Trauer ist bedrückend, wenn sie echte Trauer, die allein von der Schwere des Todes befreien kann, verhindert.

In Indien lässt man einen Trauernden nicht allein. Als ich im Jahr 2007 meine Mutter verlor, bekam ich, sobald die Nachricht bekannt wurde, innerhalb weniger Stunden zwei Dutzend Anrufe von indischen Freunden und zahlreiche Besucher. Zwar schürt diese Gewohnheit die Emotionen wieder; Trauernde beginnen beim Eintreffen jedes neuen Trauergastes erneut zu weinen. Doch *will* man ja weinen, *will* man Trauer empfinden und Trauer aussprechen.

Ein junger Mann im Dorf wurde nach dem Tod seiner Mutter einen Monat nicht allein gelassen, gerade abends nicht. Irgendein Nachbar saß immer bei ihm – er saß nur da, ohne viel zu sprechen und zu tun. Diese Anwesenheit tröstete schon. Die Gemeinschaft der Lebenden kann uns mit dem Tod versöhnen. Wer hätte bei uns in Mitteleuropa die Zeit zu so aufwendiger Trauerbegleitung? Ich erfuhr von einer Bekannten in Frankfurt, einer Lehrerin, dass ihr beim plötzlichen Tod ihres Bruders von der Schule nur *ein* freier Tag genehmigt wurde. Dagegen ist in Indien während der vorgeschriebenen Trauerzeit von zehn bis dreizehn Tagen an Arbeit nicht zu denken. Niemand würde sie vom Trauernden erwarten. Manche trauern länger, niemand würde sie aus dieser Lähmung lösen wollen. Man gibt den Trauernden Zeit.

Der Unterschied zwischen Indien und Mitteleuropa, dem Hinduismus und dem christlichen Abendland, drückt sich unübersehbar in der Verschiedenheit von *Verbrennungsplätzen* und *Friedhöfen* aus. Die Verbrennungsplätze der Hindus sind keine angenehmen Orte. Sie sind oft schmutzig, wüst und verwahrlost; dürre Hunde nagen an den zurückgebliebenen Knochen. Die Verbrennungsplätze gehören nicht zum zivilisierten Bereich, nicht zum Bereich der Häuslichkeit. Auf ihnen wohnen nur die Gehilfen der Verbrennungen, die einer niederen Kaste angehören. Gesindel treibt sich nachts auf ihnen herum, man erzählt von Alkohol- und Drogenexzessen. Auch Tantriker – Mitglieder einer esoterischen Schule des Hinduismus – besuchen absichtlich Verbrennungsplätze, um dort das Gefühl des Ekels und der Furcht zu überwinden und durch magische Praktiken übersinnliche Kräfte zu erlangen.

Kosmologisch gesehen sind Verbrennungsplätze Orte des *Chaos*. Chaos ist der Zustand *vor* der Schöpfung, *vor* der Ordnung. Man fürchtet sich auf ihnen, vermutet Geister dort. Shiva, der Zerstörergott, hält sich den Mythen zufolge auf Verbrennungsplätzen auf. Er vollführt dort wilde Tänze mit seinen Geistergehilfen und verfällt der Trunksucht und wilden Orgien.

Dagegen sind unsere Friedhöfe angenehme, saubere, beschauliche, eben friedvolle Kulturorte. Während die Verbrennungsplätze den Pol des Chaos einnehmen, symbolisieren Friedhöfe den Gegenpol des *Kosmos*, der Harmonie. Beide Pole sind gleich weit vom Alltag, dem indischen wie auch dem europäischen, entfernt. Auf Verbrennungsplätzen herrscht die Unordnung plötzlicher Trauer, sie versinnbildlichen den Schrecken der entkörperten Seele, sich neu zu finden, und die vom Tod zerstörten Lebensverhältnisse einer Gesellschaft, die so sehnsüchtig harmonische Gemeinschaften zu verwirklichen sucht, allen voran die Familie. Friedhöfe stellen dagegen die Einsamkeit der Trauer dar, die ebenso tröstlich wie bitter ist. Sie suggerieren Frieden und Harmonie, doch symbolisieren sie eben nicht den unsicheren Frieden, der in der Menschengemeinschaft herrscht. Sie symbolisieren den einsamen Frieden und die Harmonie, die, so hoffen wir, jetzt die geliebten Menschen nach dem Tod umgibt und die wir auch für uns wünschen. Friedhöfe sind Orte der Utopie, sie sind menschlich erdachte Abbilder des Paradieses. Auf Friedhöfen dürfen die Zurückgebliebenen Trost und Versöhnung empfinden.

Die Auflösung im Göttlichen beim Hinduismus

Durch welche *Vorstellungen vom Jenseits* versöhnen sich Hindus, die einen lieben Menschen verloren haben? Bekannt ist die philosophische Vision einer *Wiedergeburt*. Die entkörperte Seele nimmt einen neuen Körper an und kehrt damit ins Leben auf dieser Welt zurück. Gute und schlechte Taten (*karma*) im jetzigen Leben entscheiden über die Qualität des Lebens in der nächsten Geburt. Man kann »hoch« oder »niedrig«, in einer reichen oder armen Familie geboren werden; man kann in einen Pflanzen-, Tier- oder Menschenleib, in glückliche und angenehme oder in weniger glückliche, in leidvolle Situationen hineingeboren werden. Dem liegt die Vorstellung einer zyklischen Zeit zugrunde. Die Seele wird immer wieder in immer neuen Körpern geboren; sie bewegt sich dabei »aufwärts« oder »abwärts«. Idealerweise aber bewegt sie sich durch immer »höhere« Geburten, um schließlich in jenen Zustand der Vollkommenheit einzutreten, in dem keine neue Geburt notwendig ist, weil kein negatives Karma mehr vorhanden ist. Danach mag die Seele in einen Himmel (*svarga*) eintreten, der einer bestimmten Gottheit zugeordnet ist. In dem Himmel jenes Gottes oder jener Göttin, den oder die die Verstorbenen verehrten, wohnen sie. Doch stellt man sich diese Himmel nicht als ewige Wohnstätten vor. Das Ziel ist, dass die Seele sich entindividualisiert und im Göttlichen auflöst.

Die zweite Vorstellung vom Nachleben verbindet sich mit jener des *Ahnenhimmels*. Die Seele findet allmählich den Ort, in dem die Seelen der eigenen Ahnen wohnen, und erreicht dort einen gottähnlichen Status. Dieser ist ebenso nicht unwandelbar und ewig, sondern im Laufe von drei Generationen verblasst diese selige Existenz allmählich, und die Seele steigt in die Sphäre »himmlischer Wesen« auf, »als welche sie nur noch kollektiv und entindividualisiert verehrt« wird.[24] Das bedeutet, dass die Seele individuell greifbar bleibt, solange sie von den Zurückgebliebenen im Leben noch im Gedächtnis behalten wird. Ein Sohn erinnert sich verehrend an seinen verstorbenen Vater. Der Sohn des Sohnes hat den Verstorbenen in seiner Kindheit vielleicht noch erlebt und sein Vater hat vom Großvater erzählt. Darum bewahrt auch der Enkel des Verstorbenen diesem ein verehrungsvolles Angedenken. Doch mit dem nächsten Sohn, also

---

24 Axel Michaels, *Der Hinduismus*. Geschichte und Gegenwart, München 1998, 161.

dem Urenkel des Verstorbenen, ist die lebendige Erinnerung abgebrochen. Der Tote verlässt ab dieser vierten Generation der Nachgeborenen die individuelle selige Himmelsexistenz. Er lebt in den Lebenden nicht weiter, also kehrt er ins große Kollektiv der anonymen Ahnen ein. Er stirbt gewissermaßen einen zweiten Tod, wenn er aus jedem Menschengedächtnis ausgelöscht ist. Der Zweck seiner Geburt ist nun sowohl in dieser wie in der jenseitigen Welt erfüllt und abgeschlossen.

Diesen beiden Vorstellungen ist gemeinsam die Ahnung von einer Durchlässigkeit zwischen Leben und Tod. Das Leben fließt in den Tod hinein und weiter in ein wie auch immer geartetes Leben: in die Wiedergeburt oder ins Ahnenleben. Danach beginnt ein progressiver Ich-Verlust. Diese Entindividualisierung ist jedoch nicht angstbesetzt, sondern sie wird angestrebt und als letzte Seelenstation ersehnt. Die endgültige Erlösung ist also weder im Ahnenhimmel noch in der ständigen Wiederkehr der Geburten möglich, sondern nur durch die endgültige Auflösung im Göttlichen.

Im christlichen Bereich wollen wir auch im entkörperten Zustand unser Ich-Bewusstsein niemals aufgeben. Bei uns ist Ich-Verlust angstvoll. Wir streben ihn allenfalls an, um unsere Sorgen und Nöte und unseren Schmerz abzutun – durch Schlaf, Drogen, Exzesse. Hier erkennen wir einen deutlichen Unterschied zwischen Indien und Europa. Nur wenn wir Europäer östliche Formen der Meditation üben, können wir uns mit einer Schwächung unseres Ich versöhnen und darin Trost finden.

5

Freundschaft

Wem der große Wurf gelungen
Eines Freundes Freund zu sein ...
FRIEDRICH SCHILLER, ODE AN DIE FREUDE

Welche Worte werden mehr entwürdigt durch Übergebrauch als »Freund«, »Freundin« und »Freundschaft«![25] Eine Tagesbekanntschaft wird vorgestellt: »Mein Freund ...« – »Meine Freundin ...«; eine flüchtige erotische Begeisterung wird zur »Freundschaft« stilisiert. Sie reift an einem Tag und gerät sofort in Vergessenheit. Als Ausdruck von Lässigkeit, von Ironie, von Ermahnung und Warnung wird das Wort missbraucht: »Mein Freund!« Immer mit Ausrufezeichen. »Freundschaft« hat kein Gewicht. Heutzutage heißen Freunde »Followers« und »Friends« und bevölkern die sozialen Medien. Man kennt ihre Anzahl, aber keine Gesichter.

Freundschaft setzt *Kommunikation* voraus und daran besteht kein Mangel, doch wird sie dominiert von digitalen und medialen Kommunikationswegen, die nur einseitige, anonyme oder halbanonyme Beziehungen aufbauen.

25   Das Kapitel »Freundschaft« ist Henni und Petrus Rick gewidmet. – »Freund« ist in diesem Kapitel im umfassenden Sinn gebraucht: Der Begriff meint ununterschieden »Freund« und »Freundin«, Männer und Frauen, ohne dies jeweils zu betonen.

In der Alltagssprache heißt es abwertend: »Er ist *nur* mein Freund« – also kein Partner. Partnerschaft ist in unserer von offen gezeigtem Eros geprägtem Gesellschaft diejenige Beziehung, die alle anderen abschlägt. Die aggressive Erotisierung des öffentlichen Lebens verdrängt Freundschaft. Allenfalls Zweckfreundschaften sind begehrt, Beziehungen also, die einen Nutzen für Familie oder Beruf versprechen.

Dagegen hebe ich bewusst erworbene und gepflegte Freundschaften als eine Möglichkeit hervor, der Vereinsamung und Vereinzelung der Menschen in unserem europäischen Leben ein Gegengewicht zu geben.

Das Ideal der Freundschaft in Antike und Mittelalter

In der lateinischen Klassik und der christlichen Frühzeit ist Freundschaft als ein Ideal gefeiert worden, das uns heute wie ein Stück Paradies erscheint. Im Paradies erschuf Gott dem ersten Menschen einen zweiten zur Gesellschaft, denn »es ist nicht gut, dass der Mensch allein bleibt« (Genesis 2,18). Es waren Mann und Frau, die aber erst nach der Vertreibung aus dem Paradies Nachkommen zeugten, also als Mann und Frau handelten. Im Paradies lebten sie füreinander als Freunde. Darum gelten sie den Alten als erstes Freundespaar.

Die griechische und römische Antike und die frühen christlichen Schriftsteller haben eine reiche Literatur zum Ideal der Freundschaft geschaffen. Als grundlegende Eigenschaft galt, dass sich Freunde als *ebenbürtig* erachten, also keine Rangunterschiede anerkennen. Weder Alter noch sozialer Status noch Bildungsstand können die Ebenbürtigkeit erschüttern. Als zweites Kennzeichen, dass die zwei Freunde

sich vollkommen *aufeinander verlassen* können. Als drittes
Merkmal nannten sie die *geistige Übereinstimmung.* Anerkennung der Ebenbürtigkeit, Verlässlichkeit und innere
Übereinstimmung geben dem Ideal der Freundschaft ein
strenges, geradezu heroisches Profil. Unter den christlichen
Autoren hat Aelred von Rievaulx (1110–1167) Freundschaft in
die Nähe des heiligmäßigen Lebens gerückt. In einer Freundschaft sei Christus stets »der Dritte«. Gott sieht nur den
Menschen, wie er existenziell ist, losgelöst von sämtlichen
Kontexten, ebenso sieht der Freund im Freund nur den Menschen. »Hier geht es um die Substanz der Freundschaft,
nämlich um jene letztwesentliche Beziehung, in der nur der
Mensch als Mensch zählt …«[26] Als Beispiel nennt Aelred das
alttestamentliche Freundespaar Jonatan und David (1 Samuel
20). Es heißt: »… [Jonatan] liebte [David] wie sein eigenes
Leben« (1 Samuel 20,17).

Bezeichnend ist, dass Aelred die ideale Freundesliebe
nicht *caritas,* sondern *amor* nennt. Üblicherweise rangiert
caritas, die geistliche Liebe zu Gott, die überfließt in die
Nächstenliebe, über *amor,* der Liebe zu einem *Individuum.*
Nächstenliebe gilt jedem Menschen und soll unabhängig von
Gefühlen der Sympathie oder Abneigung sein, sie drückt
sich in einem universalen Wohlwollen und dem tätigen En-
gagement für die Menschen aus. Die Freundesliebe jedoch
meint diesen einen Freund und sie kann nicht ohne Sympathie gegenüber der so-beschaffenen Persönlichkeit des Freundes auskommen. Darum ist Freundesliebe *amor* – eine inner-

---

26 Zitat aus einem unveröffentlichten Radiomanuskript zum Thema Freund-
schaft von Gertrude Sartory, auf dem dieser Abschnitt meines Essays aufbaut.
Entnommen von *Vermächtnis von Gertrude Sartory.* [Herausgegeben von Petrus
Rick] Privatdruck 2013, 150.

halb der *caritas* angesiedelte und von ihr inspirierte Sonderform der Liebe. »… die Freundesliebe ist eine elementar gefühlsbestimmte Liebe. Sie ist nicht nur Gefühl, aber sie ist auch nicht ohne emotionale Zuneigung denkbar. Freundschaft ensteht und besteht nicht, ohne dass beide sich am inneren Wesen des andern entzücken können. ›Ich liebe dich, weil du der bist, der du bist.‹«[27]

Ideal und moderne Wirklichkeit

Wie weit scheint dieses klassische Ideal der Freundschaft entfernt zu sein von allem, was wir heute unter Freundschaft verstehen! Kann es heute verwirklicht werden? Stellt sich nicht alles in unserem modernen Leben dagegen?

Grundsätzlich ist auch heute dieses heldenhafte Ideal lebensmöglich. So viel erkanntes und unerkanntes Heldentum ereignet sich zum Beispiel in unserem Familienalltag. Die Rolle der Eltern, insbesondere der Mutter, bleibt, seit Menschen geboren wurden, gleich. Die der Kinder ändert sich nicht, was ihre Verantwortung für Eltern und Geschwister betrifft. Die Sorge der Ehepartner füreinander entspringt aus einem uralten inneren Bedürfnis. Aufopferung oder die Begrenzung der Selbstinteressen gehört zum Familienleben.

Die Freundschaft fordert eine ähnliche Selbstaufopferung. Menschen verbinden sich zu Freunden, weil sie fühlen, dass sie zueinander passen und einander brauchen. Sie gehorchen einem gewissen Sog zur Gemeinschaft mit dem anderen. Dennoch wird eine ideale Freundschaft selten ohne

---

27 *Vermächtnis von Gertrude Sartory,* 151.

starke Entschlossenheit des Willens und Wünschens dauerhaft sein. Eine solche über eine lange Zeit getragene Entschlossenheit ist heldenhaft.

In unserer Zeit wird Freundschaft schwerer. Sie kennt heute kaum starke Vorbilder, die uns stützen. Die moderne Schnelllebigkeit, unsere Mobilität, unser Hasten nach Karriere, Anerkennung und Besitz sind Hindernisse, die nicht nur die Praxis einer Freundschaft hindern, sondern auch den Geist der idealen Freundschaft. Denn dieses Ideal verlangt eine innere und äußere Stabilität, eine inspirierte Bedächtigkeit der Lebensvollzüge, eine Bereitschaft, die eigenen ich-getriebenen Ziele unterzuordnen, vor allem die Bereitschaft, auf eine Freundschaft Zeit zu verwenden, um sie kontinuierlich zu pflegen.

Doch gerade das Zeithaben erwarten wir – leider – heute nicht mehr voneinander. Eine Freundschaft will – inmitten dieser hastig und großräumig ablaufenden Lebensvollzüge – gepflegt werden. Das kann bedeuten, dass eine Freundschaft über Monate in einem »In-Beziehung-Bleiben« ohne geistigen oder intellektuellen Impuls verharrt. Aber die Beziehung zu wollen und aktiv zu halten muss ein wichtiges, von beiden Freunden so empfundenes Anliegen sein.

Noch einmal: Was heißt Freundschaft im modernen Leben? – Beginnen wir mit folgendem Gedanken: Viele Menschen, gerade unter den jüngeren Generationen, suchen nach einer *Erneuerung ihres Lebens* durch die Vertiefung geistiger Werte, durch Sinnstiftung, durch mehr Gemeinschaft mit den Menschen und der Natur, durch Verwesentlichung und Authentizität. Diesen Drang können sie erfüllen, indem sie das Ideal der Freundschaft verwirklichen.

Sowohl Zuwendung wie Aufopferung, diese beiden Taten der Freundschaft, können in ein Leben einfließen, das geistig wahrhaftig und gesellschaftlich vorbildlich ist. Freunde können *gemeinsam* umweltbewusst leben, können die Nächstenliebe und die Sensibilität für Menschen, Tiere und Natur gemeinsam üben und ein ganzheitliches Leben, das in der Mitte der Welt ebenso wie in der Mitte religiösen Strebens steht, gemeinsam erproben.

Dieses Streben nach Echtheit ist in der Gemeinschaft von zwei oder mehreren Freunden leichter und führt eher zu einer erfüllten Lebensweise als für den Einzelnen. Freunde unterstützen sich, achten aufeinander, tragen füreinander die Last und das Einerlei des Alltags, sodass sie die neue Lebensweise nicht einsam bewältigen müssen und nicht ins Bisherige zurücksinken. Eine Freundschaft ist die Keimzelle einer solchen Erneuerung, die ausstrahlt und Experimente inspiriert und viel deutlicher eine mutige Erneuerung symbolisieren und sich im Alltag verankern kann, als es einem Einzelmenschen möglich ist.

Freundschaft im modernen Leben ähnelt einer mönchischen Monade. Zwei Menschen teilen in ihren Absichten wie ihrem Lebensvollzug dasselbe Ideal; sie wohnen zwar nicht zusammen, aber sie begegnen sich und unterstützen einander beim täglichen Lebensvollzug konkret und beständig. Sie mögen ihre eigenen Familien, ihre verschiedenen Berufe und selbständigen gesellschaftlichen Beziehungsnetze haben, doch sie verlieren sich niemals aus den Augen. Vergehen mehrere Wochen ohne Kommunikation werden sie unruhig und sorgen sich. Das ist wesentlich: *Sie verlieren sich nicht aus den Augen.* Sie leben so, als sei der andere Freund immer neben ihm oder neben ihr.

Freunde wählen sich ohne Not, aus einem gegenseitigen emotionalen und geistigen Einverständnis. Man sagt gern: »Die Chemie stimmt.« Dieses Einverständnis mag eine Zeit lang bestehen oder auch ein Leben lang. Heutzutage dürfte üblich sein, dass Freundschaften bestehen bleiben, solange die Ausgangsverhältnisse beider Freunde, aus denen die Beziehung möglich wurde, dieselben bleiben. Geografische Nähe, ähnliche Berufsinteressen, ähnliche kulturelle und geistige Interessen, das Fehlen allzu markanter Unterschiede im gesellschaftlichen Status und im Alter dürften eine Freundschaft fördern. Verändern sich die Verhältnisse eines Freundes, zieht eine(r) weg oder wechselt in einen anderen Beruf, ist die Freundschaft in Gefahr.

Verwandtschaftliche Beziehungen werden eng und dauerhaft, weil frühe Kindheitserfahrungen sie prägen. Diese Impulse entfalten sich im Erwachsenenalter und festigen die Familiengemeinschaft. Ebenso gewinnen Freundschaften an Substanz, wenn die Freunde wesentliche Erfahrungen gemeinsam durchgemacht haben: vor allem die Erfahrungen des Leids, der Armut und Unterdrückung durch Familie und Gesellschaft, die Erfahrung des Kampfes um Anerkennung und um das eigene Selbstwertgefühl. Ich glaube, diese Erfahrungen prägen tiefer als gemeinsame Glücks- und Erfolgserfahrungen. Freundschaft hat eine Quelle in der *Solidarität,* die durch ein gemeinsam erfahrenes gesellschaftliches Schicksal ensteht.

Die Beziehungen in Familie und Verwandtschaft werden innerhalb gesellschaftlicher Normen durchgespielt, denen man kaum entkommt. Ungleiche Verhaltensnormen der Geschlechter, Hierarchie, rituelle und gesellschaftlich sanktionierte Verhaltensweisen drängen sich in das Geheimnis und Glück der gegenseitigen Zuwendung hinein. Jedoch Freundschaften kennen keine Konventionen – oder nur recht flexible und viel Freiraum gewährende. Freundschaften sind dem Ideal der menschlichen Bindung »ohne Ansehen der Person« viel näher als jede verwandtschaftliche.

Freundschaften haben ihren Nährboden im gegenseitigen *Vertrauen*. Wenn Solidarität einer Freundschaft einen festen sozialen Rahmen gibt, schenkt Vertrauen ihr den persönlichen, individuellen Zusammenhalt. Solidarität und Vertrauen sind totale Herausforderungen; »ein wenig« Solidarität und »ein wenig« Vertrauen halten dem Anspruch dieser Begriffe nicht stand. Doch kann ein Mensch mehrere Freundschaften pflegen, können sich Freundschaften lösen und neue wachsen.

Freundschaft verstehe ich als »*die Kunst des rechten Abstands*«. Eine Freundschaft gelingt am ehesten und auf Dauer, wenn Freunde, auf den Pfeilern von sozialer Solidarität und persönlichem Vertrauen bauend, den für beide erträglichen und fruchtbaren Abstand zueinander finden und bewahren. Freunde bewegen sich innerhalb von gesellschaftlichen Kreisen, die sich nur teilweise überlappen. Jeder bedarf seines individuellen Freiraums, den der andere kennen und achten soll. Daraus definiert sich der jeweils notwendige Abstand. Er wägt die Gemeinschaft in der Freundschaft klug mit der Toleranz für das Nicht-Teilbare in der Freundschaft ab.

Freundschaft

Der Eros entzündet sich am Anderssein, er sucht Reibung, sonst kann er keine Funken schlagen. Freundschaft ist stattdessen der große Vereiner, sie will Unterschiede als unwesentlich entlarven. Die Überwindung der Unterschiede des Standes, der Bildung, des Alters, der Religion sind eine Herausforderung, an denen Freundschaften tiefer werden. Eben weil äußere Unterschiede gering erachtet werden, hat Eros in der Freundschaft eine geringe Angriffsfläche. Freundschaft ist die große Demokratin. Freunde sind einander gleich, sind, besser noch, wie anfangs gesagt, ebenbürtig.

Eros ist launisch, unstet, isoliert und entzweit häufig – während Freundschaft gerade das Beständige, das Vertrauen, das Überbrücken von Unterschieden feiert. Statt Eros waltet unter Freunden die *Intuition*, die die Sogwirkung des Eros geradezu als störend empfindet. Intuition ist die göttliche Gabe, sich intensiv in den Freund hineinzuversetzen, sie ist das Gespür zu erkennen, welche tiefen existenziellen Bedürfnisse der Freund hat und welche eigenen Bedürfnisse der oder die andere erfüllen kann. Intuition ist die Fähigkeit, die Stimmungen, die seelischen Zustände und Umstände des anderen zu erfassen. Intuition ist die Fähigkeit, Sinne, Gefühl und Seele zu öffnen, um auch das Unausgesprochene und das dem Freund selbst Unerkannte zu erkennen und zu deuten. So einigen und vereinen sich zwei Seelenlandschaften und gestalten ihre Freundschaft.

Die Intuition stellt das innere Einverständnis her und baut an jenem gegenseitigen Vertrauen, das der feste Grund ist, auf dem eine Freundschaft zum geistigen Gewinn und zum Trost reift. Intuition bleibt nur wach und lebendig, wenn der eine Freund den anderen als ebenbürtig empfindet, wenn die äußeren Barrieren zwischen zwei Menschen durchlässig und sinnlos geworden sind.

Intuition ist das Bienenwachs, aus dem die Flamme der Freundschaft ihre Nahrung zieht. Die Intuition soll wach sein, damit der Freund die Gegenwart des anderen spüren kann, auch und gerade wenn der andere nicht anwesend ist. Die Freunde sollen sich ihrer gegenseitigen intuitiven Offenheit sicher sein. Die Intuition ist ein unsichtbarer Begleiter, der an den großen wie alltäglichen Ereignissen teilnimmt. Es heißt immer: »Das muss ich ihm/ihr erzählen!« Beim Erzählen freut man sich ein zweites Mal über freudige Ereignisse und spürt ein zweites Mal Schmerz über traurige Ereignisse, weil der Freund zugehört hat und Anteil nimmt und ebenso Freude oder Trauer zeigt.

Treue

Treue lebt aus der unverwüstlichen Gewissheit, dass sich der Freund niemals ändern wird. Die Zeiten, die Lebensumstände, die Gesundheit, der Beruf, der Körper, vielleicht sogar die Überzeugungen mögen sich ändern, doch der Freund als Freund wird sich nie wandeln; ebenso werde ich, als Freund, mich niemals wandeln. Das ist unrealistisch, sogar unklug, es ist eine höchst idealistische Erwartung, es ist eine Rebellion gegen die Veränderungen der Zeit – doch so und nichts anderes ist Treue. Treue ist genau, störrisch, penibel. Sie will nichts vergessen, sie macht keine Ausreden, sie gibt Fehler und Schwächen, ohne die Umstände zu verschleiern, zu.

Freundschaft

Treue bedeutet jedoch keine Versklavung des einen oder anderen. Treue ist etwas Totales, gewiss, wie Solidarität und Vertrauen, und darum ist daran die Pflicht zu ständiger Achtsamkeit gebunden. Doch Treue ist fähig zur Nachsicht, zur Vergebung, zum Ertragen von Fehlern – solange dieses Grundeinverständnis sowie die Entschlossenheit zur Freundschaft bestehen bleiben. Treue kann auch längere Phasen der Trennung überstehen – solange jene Offenheit für den anderen wie auch die intuitive Begleitung des anderen nicht verlorengehen.

Aber mir kommen plötzlich Zweifel: Kann eine Freundschaft über lange Zeitspannen ohne Inhalte und Impulse, die zwei Menschen gleichermaßen anziehen, leben? Genügt letztlich die Faszination an dem geistigen Band der Freundschaft, genügen auf Dauer der Selbstanspruch und die moralische Herausforderung, der Treue gewachsen zu sein? Freundschaft gewinnt (auch) ihre Energie durch Erwartungen, die Freunde aneinander stellen. Ein gemeinsames Interesse, ein gemeinsames Ziel, das zu einem Werk führt, das, sei es noch so unscheinbar, seine Schönheit im gemeinsam Erreichten besitzt. Noch einmal: Zu diesem Konkreten gehört das Bewältigen von Krankheiten und Krisen, von Trauer und Verlust, das gemeinsame Erleben von Hoffnungen, von Erfolg und Glücksmomenten und Feiern. Freundschaften brauchen Konkretes, das sie weiterträgt.

Doch Vorsicht! Dieses Konkrete darf sich nicht in Nützlichkeitsdenken verirren, nie in Zweckfreundschaften. Die Gefahr ist schleichend und darum umso größer. Treue kann Fehler machen und Schwächen entwickeln, Vergesslichkeit und Nachlässigkeit, doch sie darf niemals den anderen ausnützen. Freunde müssen sich ständig selbst überprüfen, ob die feine Linie zum Nützlichkeitsdenken überschritten wird. Der Freund wird den Freund selten davor warnen. Es entspricht nicht der Großherzigkeit einer Freundschaft, Argwohn und Zweifel zu nähren. Ohne Warnungen, beinahe unmerklich, entzweien sich dennoch Freunde, wenn der Maßstab der Nützlichkeit in ihre Beziehung eintritt.

Zurück zu einer Beobachtung am Anfang: Treue ist eine schwere Tugend in einer Zeit, in der alles in Bewegung ist, in der Veränderung Trumpf ist, in der keine »Standorte« notwendig sind, weil Internet und Mobiltelefon Kommunikation von überall nach überallhin möglich machen. In einer solchen Zeit ist es schwer, Standhaftigkeit, Beständigkeit – Treue eben – zu (er)leben. Treue sagt: »Ich bin da! Ich verändere mich nicht!«

Einige Leser dieses Kapitels nannten meine Auffassung von Freundschaft allzu idealistisch. Ich bekenne, das Kapitel hat einen beinahe hymnischen Klang. Aus ihm spricht eine *Sehnsucht nach Freundschaft*, die ich vermutlich mit vielen Menschen teile. Sie ist ein Mittel, das uns von vielen Giften der modernen Wirklichkeit heilen kann.

Primat der Familie in Indien

In Indien nimmt der Begriff Freundschaft schon deshalb eine von Europa unterschiedliche Färbung an, weil der Wert der Freundschaft in der Hierarchie der Werte nicht hoch angesetzt wird. Freundschaft ist kein Ideal. Familie ist wichtiger. Im Kosmos der Familie gilt das Gesetz der Seniorität. Den Ältesten gebürt die höchste Achtung. Will jemand, dem ich lieb geworden bin, seine Beziehung zu mir definieren, sagt er nie: Du bist mein Freund. Sondern er sagt: Du bist mein »älterer Bruder« oder meine »ältere Schwester«, mein »Onkel« oder meine »Tante«. Auch jenen Menschen, deren Eltern noch leben, kann man – als höchsten Grad der Wertschätzung – zum »Vater« oder zur »Mutter« werden. Bei diesen natürlichen Beziehungen ist immer Hierarchie im Spiel, darum ist Ebenbürtigkeit, die wir zur Substanz einer Freundschaft zählten, schwer zu verwirklichen.

Jugendliche gehen oft emotionale Verbindungen mit Gleichaltrigen des gleichen Geschlechts ein, wohl um sich vor dem unbekannten und unheimlichen anderen Geschlecht zu schützen, vielleicht zur Abwehr gegen das andere Geschlecht und als ein Ersatz dafür. Doch erwachsen daraus keine Freundschaften. Diese Verbindungen bleiben eher unpersönlich und enden, nachdem die jungen Menschen die strukturiert-geordneten Beziehungen zum anderen Geschlecht, die im Familienkosmos verankert sind, verinnerlicht haben. Anders gesagt: nachdem ihre Phase der Individuation abgeschlossen ist.

Was Freundschaft im Hinduismus betrifft, haben nur *Gastfreundschaft* und *Gottesfreundschaft* Rang. Der Gast (*atithi*) soll von der Familie »wie Gott« (*nārayan*) aufgenommen und geehrt werden. Der typische Hindu-Gottesdienst, die *pūjā*, baut auf dieser hohen Wertschätzung der Gastfreundschaft auf. Der Priester einer Puja lädt die Gottheit ein, die Menschen als Gast zu besuchen und in ihrer Statue oder ihrem Bild geistig Wohnung zu nehmen. Freundschaft ist hier die gnädige Herablassung Gottes, der sich auf die Ebene der Menschen begibt, damit jene ihn verehren können. Ähnlich ist die im Vishnuismus beliebte Verehrungsweise: Der Mensch darf infolge eines Gnadenaktes ein

Freund (*śākhi*) Gottes sein. Die Ungleichheit zwischen den Freunden wird durch die göttliche Gnade und ebenso durch die Kühnheit der menschlichen Erwartung aufgehoben.

Diese Unterschiede, was das Verständnis von Freundschaft angeht, werfen ein Licht auf die im christlichen Abendland gewachsenen Vorstellungen und auf diejenigen des Hinduismus. Individuelle Zuwendung hier – Familienzusammenhalt dort. Sie verkörpern zentrale kulturelle und religiöse Ideale. Kein Ideal ist dem anderen überlegen. Beide kämpfen gegen eine Aufweichung durch moderne Lebensweisen an. Beide verdienen, verteidigt zu werden; beide verdienen, von dem anderen Ideal zu lernen, um eine fruchtbare Relativierung zu erfahren. Sie gehört zum Leben, das kreative Freiheit sucht.

6

Dankbarkeit

Wer dankbar ist, hat eine Geschichte zu erzählen,
der ist schöpferisch.

Wer von uns hat nicht heute noch die Mahnungen von Mutter und Vater im Ohr, wenn uns etwas geschenkt wurde: «Wie sagt man?«, »Wie heißt das?« – Wir wurden dazu erzogen, »Danke!« zu sagen, wenn uns ein Eis spendiert wurde oder nur für einen Nachschlag Suppe. Um ein gutes Vorbild zu sein, sagen die Eltern heutzutage artig »danke«, wenn ihre kleinen Kinder ihnen etwas anreichen oder auch nur, wenn sie den Eltern gehorsam sind. Um zu demonstrieren, wie ernst uns in Mitteleuropa das Danken ist, erzähle ich in Indien gern die Anekdote vom abgebrannten Haus. Als in einem Haus ein Feuer ausbrach, stellten sich Bewohner und Nachbarn in eine lange Reihe und ließen die Eimer mit Wasser von einem zum anderen wandern, der letzte versuchte, damit die Flammen zu löschen. Höflich selbst in der Not, sagte jeder beim Eimer-Anreichen zum Nachbarn »Bitte schön!« und der antwortete »Danke schön!« und reichte den Eimer mit einem ebenso herzlichen »Bitte schön!« weiter … Kein Wunder, dass bei solchem Umstand das Haus bis auf die Fundamente herunterbrannte – doch die Höflichkeit blieb bewahrt!

Ganz anders das Verhalten in Indien. Dort gilt das »Thank you!« als gekünstelt und dem Westen abgeschaut. Meist wird das englische »Thank you« gebraucht, nicht der entsprechende Begriff in der Landessprache, was zeigt, wie wenig diese Kundgebungen alltäglicher Dankbarkeit kulturell verwurzelt sind. Tatsächlich hört man das »Thank you« in Kreisen, die wenig verwestlicht, also kaum des Englischen mächtig sind, selten, und zwar weder auf Englisch noch in einer Landessprache. Sind Inder also, was ihre kulturelle Prägung betrifft, undankbar? Darauf angesprochen, antworten sie meist: »Danke schön« zu sagen sei eine leere Routine. Man müsse sich dankbar *fühlen*, Dankbarkeit dauernd in Worte auszudrücken, entwerte sie. Danksagen scheint im Alltag Indiens eher der persönlichen, meist spontanen Initiative überlassen.

Dankbarkeit als Haltung

In Europa wird Dankbarkeit dagegen als innere *Haltung* kultiviert, die man pflegen will, indem man »danke« sagt, wie viele Inder einen Mantra wiederholen. Diese Haltung ist die Summe vieler Akte des Dankens, sie äußert sich bedacht, nüchtern und ist von einem ruhigen Bewusstseinsstrom bestimmt. Oft überwindet sie innere Trockenheit und muss sich die Erinnerung an eine inspirierte Vergangenheit klammern und von ihr tragen lassen. Der Dankbarkeit ist wenig Spontanes, Dionysisches und Enthusiastisches eigen. »Danken« und »Denken« gehören zusammen, das Danken will «bedacht« sein und soll sich erst danach manifestieren.

Eine solche Haltung der Dankbarkeit muss wachsen. Wir erwarten keinen Dank von Kindern und Jugendlichen, selbst wenn sie dazu angehalten werden, artig »Danke schön« zu sagen. Kinder haben noch keine Vergangenheit. Echte Dankbarkeit wächst mit den Jahren, weil sie rückwärtsgerichtet ist. Kinder und Jugendliche leben auf die Zukunft hin, sie nehmen sich vom Leben, was sie bekommen können, als sei es ihr Geburtsrecht. Sie empfinden noch keine Dankbarkeit gegenüber den Eltern, den Lehrern, ihren Onkeln und Tanten. Erst wenn Menschen länger gelebt haben, vielleicht selbst schon Taten ausgeübt haben, die eines Dankes wert sind, kommt das Empfinden der Dankbarkeit auf und festigt sich allmählich zu einer Grundhaltung. Im günstigen Fall ist es keine Muss-Haltung, also eine Haltung, zu der man sich konventionell verpflichtet fühlt, weil es die kulturelle Umgebung so will, sondern eine Grundstimmung, die organisch wächst. »Dankbar ist der voll entfaltete Mensch.«[28]

Die Haltung der Dankbarkeit entfaltet sich nicht wie von selbst, man muss *um sie kämpfen* wie um jede bewusste innere Haltung. Dazu gehört eine Einübung in eine Haltung, die das Leben, besonders die eigene so gelebte Vergangenheit, bejahend annimmt. Diese Bejahung ist zunächst angelegt in der abendländisch-christlichen Überzeugung, dass alles Seiende gut ist: »... jedes Seiende, soweit es Seiendes ist, ist gut ...«, befindet Thomas von Aquin, und er fährt fort: »... wenn auch das Schlechte immer das Gute vermindert, so kann es doch niemals das Gute vollständig aufzehren ...«[29]

---

28 Diesen Satz habe ich Cai Werntgen zu verdanken.
29 Thomas von Aquin, *Gott und seine Schöpfung*. Texte. Übersetzt von Paulus Engelhardt und Dietmar Eickelschulte. Freiburg im Breisgau 1963, 131 f. Sosehr diese lebensbejahende Philosophie zur christlichen Grundeinstellung gehört, in

Das eigene Leben anzunehmen bedeutet auch, das eigene Versagen und die eigenen Fehler klarsichtig anzunehmen, sie zu bedauern, zu bereuen und, wo sie anderen Menschen geschadet haben, sie wiedergutzumachen. Wir erinnern uns nicht nur an persönliche Schuld. Jeder von uns hat auch Schicksalsschläge erlebt, Krankheiten, Enttäuschungen in der Liebe und im Ehrgeiz, an denen wir schwer tragen.

Dann aber gilt es, sich die eigene Schuld zu verzeihen und das Unverschuldete als Faktum anzunehmen und danach mit »strenger Milde« sich selbst gegenüber das eigene Leben – als Teil des gesamten weltweiten Lebensprozesses – gutzuheißen, das heißt: es zu feiern. Wer sich durch alle Schicksalsschläge und alles Versagen hindurch die Haltung der Dankbarkeit erhält, dessen Leben darf man als gelungen bezeichnen.

Wie ist das möglich, die Haltung der Dankbarkeit *einzuüben*? Meine Methode ist: Bald nach dem Aufstehen bewege ich meinen Körper, vergewissere mich meines Lebendigseins und erfahre bewusst meine Umwelt. Zum Beispiel lockere ich den Körper mit gymnastischen Übungen, ich blicke hinaus in die Natur oder auf die Menschen und mache einen schnellen Gang. Ich setze mich in Verbindung mit mir und der Außenwelt. Darauf danke ich Gott, dass ich gesund aufgewacht bin, dass ich meinen Beruf ausüben, meine Familie und Freunde treffen, dass ich denken und fühlen, sprechen und schweigen darf – kurz, dass ich weiterlebe. Ich danke Gott, dass er mich bis zu diesem Tag ohne schwere tragische Verwicklungen durch mein Leben geführt hat. »Bis hierhin habe ich es geschafft – Gott sei Dank!«

der Geschichte war allerdings ein Dualismus, bei dem das Gute und Schlechte beinahe gleich stark sind, oft dominant.

Ich beklage nicht, was mir fehlt, sondern ich zähle auf, was ich habe und sein darf. Ich beklage nicht, wie alt oder krank und gebrechlich ich bin, sondern danke, dass ich lebe. Ich mache mir bewusst, was ich trotz aller Not und Verluste noch habe: Leben, Gesundheit, einen wachen Geist.

Wer so den Tag beginnt, erlebt eine therapeutische Umwandlung des Lebensgefühls. Man beginnt zu spüren, dass gerade in Krisenzeiten und bei Krankheiten oder im gebrechlichen Alter die willentlich gepflegte Dankbarkeit hilfreich ist. Sie ist ein Mittel gegen depressive Stimmungen, Melancholie, Angst und Verzweiflung. In Krisenzeiten kann die Dankbarkeit aus der Erinnerung an frühere Glücksmomente, an frühere Begnadung heraus entfacht werden. Erinnerung ist der Dynamo der Dankbarkeit.

Gerade die Dankbarkeit ist ein Mittel gegen das kräftezehrende Empfinden der Vergänglichkeit. Wer Dankbarkeit spürt, dessen Zeit flieht nicht, zumindest nicht hastig. Diese Haltung sucht die Kontinuität, sie ist auf lebenslange Dauer angelegt, sie wird eher intensiver, je grundsätzlicher man die Lebenssummen zieht. Dankbarkeit erfrischt die Lebensenergie. Das Leben, und sei es beschädigt, hat eine solche Kraft der Überzeugung zugunsten des Weiterlebens, dass Lebendigsein als solches Grund zur Dankbarkeit wird. Wir erleben oft, dass gerade Schwerkranke und Menschen in Erwartung des Todes eine unforcierte, intensive Dankbarkeit spüren.

Schenken-Danken als Dialog

Dankbarkeit setzt ein Gegenüber, ein Du voraus. Dankbarkeit gegenüber einer Sache ist unmöglich. Dankbarkeit sucht nach einer personalen Beziehung. Hier ist Danken mehr als Denken, es ist hin zu einem Du gesprochen. Wir sind einem Menschen dankbar, wir sind einem personalen Gott dankbar. Selbst wenn wir uns »dem Schicksal dankbar fühlen« oder etwa dankbar für eine gute Mahlzeit sind, denken wir an Menschen, die für das Schicksal oder für die Mahlzeit verantwortlich sind. Auch Dankbarkeit als Haltung, die rückwärtsblickende, erkämpfte Dankbarkeit richtet sich an Personen, oft an eine Vielzahl, manchmal in das Dämmer der Vergangenheit entlassene, schon halb anonyme Personen. Die Haltung der Dankbarkeit ist vielleicht die Summe des Danke-Sagens an Personen innerhalb eines Lebens.

Wie Martin Buber darstellt, bleibt das Sprechen zu einem Du nicht ohne Folgen. Das sprechende Ich schwingt immer im Du mit und wandelt das Du um, ebenso wie das Du das Ich umwandelt.[30] Dankbarkeit verwandelt das Du ebenso wie das Ich.

Ein Ich, das »danke« sagen kann, hat etwas erhalten; es ist von einem Du beschenkt worden. Es ist einerlei, ob das Ich dieses Geschenk »verdient« hat, ob ich seiner »wert« bin, ob ich es nutzen kann. Ich habe bekommen und meine Antwort soll – spontan oder später, nach zusätzlichen Erfahrungen und Einsichten – das Bewusstsein der Dankbarkeit sein. Dieses Bewusstsein bleibt nicht isoliert, sondern tritt mit dem Menschen, dem ich danke, in eine sich verflechtende Beziehung. Damit setzt ein vielfältiger, wechselseitiger und manchmal komplexer Beziehungsprozess ein.

---

30   Vgl. Martin Buber, *Ich und Du*, Köln 1966. Im zweiten Abschnitt (S. 9) seiner berühmten Schrift stellt Buber fest: »Wenn Du gesprochen wird, ist das Ich des Wortpaares Ich-Du mitgesprochen.« Im dritten Abschnitt (S. 10): »Es gibt kein Ich an sich, sondern nur das Ich des Grundwortes Ich-Du ...«

Dankbarkeit ist also stets der Versuch, »etwas« zurückzu-geben, nachdem ich selbst empfangen habe. Ich gebe nicht dasselbe zurück, was ich empfangen habe. Für einen Apfel schenke ich keinen Apfel und keine Birne zurück. Das hieße Ablehnung des Gegebenen und Ablehnung der Haltung des Schenkens, der Großzügigkeit, der Bemühung, die Ableh-nung des Opfers, das zum Schenken notwendig war. Das-selbe zurückzugeben, wäre auch Ablehnung der Suche nach dem »passenden« Geschenk, das den Beschenkten als Persön-lichkeit offenbart. Es wäre allerdings auch die Abwehr der Erwartungen, der Verpflichtungen, der Nötigung, die oft die Gebenden ihren Gaben aufladen und dadurch die Freiheit des Schenk-Aktes (zer)stören. Hier zeigt sich, dass der dialo-gische Akt des Schenkens-Dankens differenziert ist, weil er bewusst-unbewusst den Beschenkten und Dankenden wer-tet, sich »ein Bild« von Geber und Empfänger macht und deren Handeln gewichtet. Der dialogische Akt des Schen-kens-Dankens verlangt von beiden Seiten Kreativität und Feingefühl.

Als Beschenkter gebe ich nicht zurück, was ich empfan-gen habe, sondern ich antworte authentisch nur auf einer Meta-Ebene – der des Gefühls, des Intellekts, der Psyche. Dankbarkeit kann betont und unterstützt werden durch (materielle) »Gegengeschenke«, doch Dankbarkeit als solche ist stets ein immaterieller Akt. Was ich materiell oder als Ratschlag, als Belehrung oder als soziale Hilfestellung erhal-ten habe, gebe ich als Dank auf der immateriellen Ebene zurück. Jene, die sich dazu gedrängt fühlen, sogleich nach Erhalt eines Geschenks ein »Gegengeschenk« zu planen, ha-ben nicht gelernt, im Geschenk die innere Haltung des Schenkenden wahrzunehmen; sie erkennen nur das Materielle, dessen finanziellen Wert. Dieser fordert sie auf, wie Geschäftsleute, sich zu »revanchieren« mit einem Geschenk von ähnlichem Wert. Unnötig zu sagen: Es ist kein Geschenk mehr, sondern Ware.

Wenn die Schenkenden und die Dankenden authentisch handeln, erkennen und ehren sie immer die menschlich wertvolle Seite des jeweiligen Du. Schenken und Danken nobilitieren die Menschen in ihrem Alltag.

Schenken-Danken sind nur echt, wenn sie ohne Vorbehalte und Bedingungen geschehen, wenn sie das Gestrüpp von Wenn und Aber mit einem Hieb durchschlagen und die Anwandlungen von Neid und Sarkasmus überwinden. Schenken-Danken sind nur echt, wenn sie frühere Verletzungen und die ganze Summe der Gebrochenheit, die Menschen im Leben ansammeln und als Ballast mit sich weitertragen, für den Augenblick des Dank-Aktes abwerfen. Gelingt es, kann Danken überaus befreiend sein, wie eben die Haltung der Dankbarkeit nur aus innerer Freiheit möglich ist und diese Freiheit fördert.

Schenken-Danken nobilitieren den Menschen nur, wenn diese Akte in Ursprünglichkeit und Reinheit geschehen. Schenken kann nur ohne Hintergedanken echt sein, vor allem ohne den Hintergedanken, etwas anderes als Dank, zum Beispiel materielle Vorteile, dafür zu erhalten. Streng genommen, soll nicht einmal der Wunsch nach Dankbarkeit das Schenken motivieren. Danken kann gleichfalls nur ohne Hintergedanken echt sein, vor allem ohne den Hintergedanken, als Konsequenz des Dankens noch mehr zu bekommen. Diese beiden opportunistischen Impulse sind typische Gefahren.

Die Akte des Schenkens und Dankens sind ein Überfließen des Inneren, sie stammen oft aus einer Hochstimmung, die sogar die Regeln des konventionellen Benehmens und die Formalismen und Grenzen des Alltäglichen überschreiten können. Diese Akte brauchen Offenheit gegenüber dem Du, Unkompliziertheit und Frische des Handelns. Diese Akte entladen sich mit charismatischem Schwung.

Das Lebensgefühl der Dankbarkeit, das sich an das Du anderer Menschen richtet, löst wiederum Dankbarkeit, zumindest aber Genugtuung in jenen Menschen aus. Dankbarkeit wirkt oft ansteckend.

Ursprünglichkeit und Reinheit des Schenkens-Dankens kann zum Beispiel in *armen und notleidenden Menschen* schwerlich entstehen. Für die meisten ist ein Geschenk die Aufforderung, auf ein weiteres zu hoffen. Die Annahme eines Geschenks kann der Beginn einer inneren Abhängigkeit von den Schenkenden sein. Der Dank, den arme Menschen entgegenbringen, kann selten anders als opportunistisch sein. Schenken-Danken zementiert Herrschaftsverhältnisse, obwohl die Schenkenden sie oft – gerade durch die Schenkakte – gern aufbrechen würden. Die Schenkenden haben die wirtschaftliche Kraft zu schenken, sie sind die Gönner. Von dem Geben geht das Signal der Überlegenheit aus. Die Ärmeren vermögen dem nichts entgegenzusetzen, allenfalls eine »Dankbarkeit minderen Grades«. Sie besteht etwa aus Unterwürfigkeit und Dienstfertigkeit, aus unkritischer Loyalität, die nicht nur die Gabe, sondern die gesamte Persönlichkeit und die Lebensverhältnisse des Gebenden einbeziehen. Oft sind die Schenkenden berechnend in ihrem Geben und wollen die Beschenkten zu ihrem eigenen Vorteil an sich binden. Ebenso berechnend kann der Dankende sein, wenn er weitere Gaben erhofft.

Grundsätzlich soll Schenken wie Danken das jeweilige Du nicht überwältigen, nicht binden, nicht in Verlegenheit bringen, nicht herabsetzen, nicht zu unehrlichen, oberflächlichen Reaktionen nötigen. Schenken und Danken verlangen Taktgefühl und ein Empfinden für das rechte Maß.[31]

Schenken-Danken können am ehesten unter *Gleichen oder Fast-Gleichen* zu ihrer Echtheit gelangen. Wer wirklichen Dank empfinden will, darf nicht vom Gebenden innerlich abhängig sein oder es werden wollen. Danken geschieht nur in der Freiheit von Gefühl und Geist. Diese Gleichheit muss bei beiden, dem Ich und dem Du, gewünscht und gegenseitig anerkannt werden. Dieser Emanzipationswille, sich nicht in Abhängigkeit zu begeben, ist Voraussetzung der Haltung der Dankbarkeit.

Dankbarkeit in der Familie

Wie steht es mit der Dankbarkeit in der Familie? Gerade hier soll sie gepflegt werden. Eltern und Kinder leben in einer Beziehung, mehr noch, in einer Verbundenheit der Dankbarkeit. Eltern und Kinder sind jedoch nicht Gleiche. Gibt es darum keine echte Dankbarkeit? Die Eltern ziehen die Kinder auf und öffnen ihnen die Welt, die Kinder lernen von den Eltern und lassen sich von ihnen vertrauensvoll führen, bis sie sich in diese Weltoffenheit integrieren.

Von jungen Kindern kann man, wie anfangs notiert, keine aktive Dankbarkeit erwarten, allenfalls ein anerzogenes »Danke schön«. Die Dankbarkeit der Kinder wächst angesichts der Selbstlosigkeit und Hingabe der Eltern, deren sie

---

31 Vgl. Martin Kämpchen, *Vom rechten Maß*, Münsterschwarzach 2014, vor allem das Kapitel »Großzügigkeit und Verweigerung«.

immer mehr gewahr werden. Es ist wesentlicher Teil des Erwachsenwerdens, dass die Kinder beim Übertritt ins Erwachsenenalter die Rolle der Eltern erkennen und daraus die Konsequenz der Dankbarkeit ziehen. Das ist in einer Lebensphase möglich, in der die Kinder ihre Eltern in den praktischen Dingen nicht mehr brauchen, allmählich finanziell selbständig werden und sich von den Eltern emotional emanzipieren. In diesem Stadium sind die Kinder den Eltern – in gewisser Weise – gleich geworden. Sie haben den Überblick – das heißt, den Blick zurück und nach vorn –, um ermessen zu können, wo sie im Leben stehen. Nun können sie ihre Beziehung zu den Eltern, zu Lehrern und anderen Älteren rational erfassen und festlegen. Das macht Menschen reif zur Dankbarkeit.

Auf Seiten der Eltern wächst eine *Sehnsucht nach Dankbarkeit*. Sie warten darauf, dass sich ihre erwachsen werdenden Kinder ihnen zuwenden und ihre Mühe, ihre viele Jahre während Selbstlosigkeit (an)erkennen und dass sich daraus ein reiferes Verhältnis zwischen Eltern und Kindern entwickelt. Dankbarkeit ist, was ein solches reiferes Verhältnis charakterisieren würde. Diese Sehnsucht nach Dankbarkeit entspringt nicht eigentlich einem Wunsch nach Anerkennung und Geltung, sondern durch die Haltung der Dankbarkeit von Seiten der Kinder wird ein emotional-geistiges *Gleichgewicht* hergestellt. Die Dankbarkeit der Kinder entspricht einer intuitiven Logik.

Ähnliche langjährige Beziehungen von Ungleichen – wie Lehrer und Schüler, Lehrmeister und Lehrling, Onkel/Tanten und Neffen/Nichten, Mäzene und Begünstigte – verlangen, um über die notwendige Zeit der Beziehung hinaus aktiv und fruchtbar sein zu können, ebenso der Dankbarkeit.

In allen Älteren entsteht diese Sehnsucht nach Dankbarkeit, denn Dankbarkeit ist der wesentliche Beweis dafür, dass die Jüngeren verstanden haben, wer und was ihnen den gegenwärtigen verantwortlichen Status in der eigenen Familie und im Beruf ermöglicht hat, wem sie die Fundamente für ihr Lebenswerk zu verdanken haben. Das anhand von Zeichen der Dankbarkeit zu erleben, ist für Ältere eine Befriedigung, auf die sie in im höheren Alter nicht verzichten möchten, die wesentlich zu ihrer Lebensfülle beiträgt. Ohne diese Dankbarkeit kann das Alter dürr und bitter sein. Im Grunde gehört es zur Pflicht der Älteren, die Jüngeren zur Dankbarkeit zu erziehen. Das darf nicht durch verbale Hinweise, schon gar nicht durch Strenge geschehen, sondern indem sie die Jüngeren durch einen umfassenden menschlichen Reifeprozess führen.

Dankbarkeit fordert die Jüngeren oft zu Taten auf – für die Eltern zu sorgen, die Älteren insgesamt zu entlasten. Je weniger die Älteren zu Taten willens und fähig sind, desto häufiger treten die Taten der Dankbarkeit der Jüngeren an deren Platz. Doch wichtig ist die Haltung. Diese Taten der Dankbarkeit sollen nicht nur den Älteren zugute kommen, die Auslöser der Dankbarkeit sind, sondern der Gesellschaft insgesamt. Zu diesen Taten der Dankbarkeit gehört, dass die dankbaren Jüngeren die ihnen nächste Generation im Sinne einer Haltung der Dankbarkeit durch denselben Reifeprozess führen.

Karma *und* Māyā *versus Dankbarkeit*

In Indien ist dieser »Generationenvertrag der Dankbarkeit« innerhalb der Familie sehr lebendig. Dass die Kinder für das

Wohl der Eltern verantwortlich sind, wenn sie im Alter hilfsbedürftig werden, wird den Kindern früh vermittelt. Die Eltern ziehen Söhne auf, damit sie später die Sicherheit eines versorgten Lebens haben und nicht einsam werden. Hier liegt auch ein Grund, weshalb Eltern Söhne den Töchtern vorziehen: Die Töchter heiraten und verlassen den Haushalt, die Söhne bleiben mit ihren Ehefrauen und Kindern bei den Eltern. So ist die Faustregel, und im ländlichen Umfeld überwiegt bis heute der Brauch, dass wenigstens ein Sohn bei den Eltern wohnt.

Diese *institutionalisierte Dankbarkeit* in der Familie überträgt sich in einer hierarchisch strukturierten Gesellschaft wie der indischen auf alle Beziehungen zwischen Älteren und Jüngeren. Man kann es das *Guru-System* nennen. Gurus sind nicht nur religiöse Präzeptoren, die ihre Schüler und Schülerinnen zur Erlösung führen. Gurus sind alle Menschen, die Jüngere belehren und anweisen – Lehrer oder Professoren, Handwerksmeister, Mäzene oder ältere Verwandte, und zwar Menschen beiderlei Geschlechts. Diese Art der Dankbarkeit betrifft die zwischen Ungleichen. Gibt es auch die zwischen gleichen, unabhängigen Menschen?

Die Dankbarkeit zwischen Gleichen ist insofern schwer zu entdecken, weil die indische Gesellschaft von vielerlei Hierarchien durchwachsen ist und Beziehungen von Gleichen traditionell nicht bestehen. Alle menschlichen Beziehungen werden auf Familienstrukturen projiziert und entsprechend eingeordnet. In Indien gilt man auch als Fremder als der »ältere Bruder« oder die »jüngere Schwester«, der »Onkel väterlicherseits« oder die »Tante mütterlicherseits« und so weiter. Dankbarkeit wird entsprechend der hierarchischen Familienabhängigkeit gegeben und erwartet.

Es erstaunt, dass die großen indischen Denker und Reformer des 20. Jahrhunderts offenbar Dankbarkeit nicht in ihre zentrale Denk- und Fühlwelt einbezogen haben: nicht Mohandas Karamchand Gandhi, nicht Swami Vivekananda, nicht S. Radhakrishnan; am ehesten noch Rabindranath Tagore, wenn er Dankbarkeit auch nicht *expressis verbis* thematisiert hat. Studiert man ihr Denken durch die Sonde der von mir skizzierten Dankbarkeit, wirkt diese als fremdes, eher als westliches Prinzip. Prüfen wir diesen Eindruck, indem wir der Haltung der Dankbarkeit mit drei zentralen, auch im modernen Hinduismus lebendigen Begriffen vergleichen: *karma, niṣkāma karma* und *māyā*.

Karma heißt »Arbeit«, »Tun«; der Begriff beschreibt aber auch die Summe der geistigen Wirkungen, die von jeder Art von Tun ausgehen. Diese Wirkungen sind stärker oder geringer, sie sind positiv oder negativ. Entsprechend haben wir eine bestimmte Summe »gutes, positives Karma« und eine bestimmte Summe »schlechtes, negatives Karma« angesammelt. Jede neue Tat vermehrt entweder das positive oder das negative Karma. Schon in diesem Leben, so die Lehre des Hinduismus, hilft uns das positive Karma, weitere gute Taten zu vollbringen und so das positive Karma aufzubessern. Desgleichen bestrafen uns schlechte Taten mit negativem Karma, das uns immer tiefer herunterzieht. Die Summe des Karma bestimmt, welcher Art meine nächste Geburt sein wird. Diese Vorstellung ist im Volkshinduismus verankert. Die Folge ist, dass gute Taten keinen Dank verlangen, weil sie ihren Dank »in sich tragen«: die Verbesserung des guten Karma. Was man tut, zugunsten der eigenen Kinder, der Armen und Notleidenden, wird dem persönlichen Karma-Konto zugerechnet.

Nun wäre es Unsinn zu behaupten, dass fromme Hindus mechanisch nach dieser Karma-Berechnung handelten. Wie alle Menschen können sie spontan großherzig handeln, ohne Dank zu erwarten oder für ihre Taten auf Dank zu spekulieren. Ich vermute, dass die Idee des Karma das Leben vieler Hindus dennoch unterschwellig mitbestimmt.

Niṣkāma-Karma ist von der skizzierten Karma-Idee abgeleitet. Sie wird zum Beispiel in der Bhāgavad-Gītā beschrieben: Man soll arbeiten, handeln, in der Welt wirken, einzig um des Arbeitens, Handelns und Wirkens willen, nicht jedoch, um deren »Früchte« zu ernten. *Niṣkāma-Karma* ist »begierdeloses Handeln«. Ist es überhaupt psychisch möglich, zu handeln ohne die Motivation, ein Ergebnis zu erzielen? Ist nicht jedes Handeln notwendig auf dessen erfolgreichen Abschluss angelegt? In unserem Zusammenhang genügt es festzuhalten, dass auch in diesem verbreiteten Ideal des Hinduismus kein Raum für Dankbarkeit bleibt. Der begierdelos Handelnde kann weder Dank erwarten noch will er selbst Dankbarkeit anbieten, weil beides über das bloße Handeln hinausginge.

Māyā ist allgemein bekannt als jene Vorstellung im Hinduismus, die unsere sinnenhafte Wirklichkeit als Illusion, als eine Schein-Wirklichkeit darstellt. Die einzige existierende Wirklichkeit ist das Sein in Gott (*Brahman*). Die Maya-Wirklichkeit ist wandelbar, unberechenbar, unstet wie Nebelschleier in einem Tal. Eine solche Wirklichkeit hat keine festen und zuverlässigen Konturen. Darum lebt man in einer solchen Wirklichkeit in einem ständig sich verschiebenden Perspektivismus und Relativismus. Von jedem neuen Standpunkt und von Tag zu Tag sieht die Wirklichkeit anders aus, muss sie in jeweils veränderter Weise verstanden und gemeistert werden. Entsprechend richtet sich die hinduistische philosophische Haltung nicht nach eindeutigen Grundsätzen. Zwar gibt es kodifizierte Regeln für das moralische und gesellschaftliche Leben, etwa die *Manu-Smriti,* doch im Volkshinduismus sind eher narrative Traditionen die Grundlage für geistige Inhalte und Werte.

Die Bhagavad-Gita und die Upanishaden sind philosophische Gespräche, die in eine Erzählung eingebettet sind und eben wegen der Erzählsituation vielfältig interpretierbar sind. Die Epen Mahabharata und Ramayana gelten als die Vorbilder für das moralisch-geistige Leben der Hindus. Doch auch diese Narrative sind nicht eindeutig, sie beinhalten keinen Kodex des Verhaltens, sie sind als Epen auch textlich nicht kodifiziert. Es gibt zahlreiche unterschiedliche Editionen.

Diese Hinweise genügen, um verständlich zu machen, dass dieser in der Hindu-Philosophie angelegte Perspektivismus und Relativismus nicht dazu geeignet ist, eine Haltung der Dankbarkeit zu begründen. Dankbarkeit setzt voraus, dass Menschen eine Dauer von Jahren überblicken und deren Geschichte einschätzen. Konkreter: Dankbarkeit will verkünden, was andere für sie, die Dankbaren, über einen längeren Zeitraum getan haben. Dankbarkeit verlangt eine lineare Zeitvorstellung und die Möglichkeit, die Bedeutung von anderen für das eigene Leben unzweideutig zu beurteilen.

Es versteht sich, dass die philosophische Einstellung des Perspektivismus und Relativismus in ihrer existenziellen Konsequenz nicht von allen Hindus, eher von einer Minderheit, durchgehalten wird. Es bestehen durchaus gesellschaftliche Verhaltenskodizes, die sich häufig entsprechend von Kasten, Klassen und Ethnien, von Stadt- und Dorfumgebung ändern. Wesentlich ist hier, auf eine philosophische

Haltung aufmerksam zu machen, die sich unterschwellig auch im Volk artikuliert und dessen Verhalten mitbestimmt.

So begrenzen sich die Strukturen der Dankbarkeit wesentlich auf das Guru-System. Es ist, wie anfangs beschrieben, gesellschaftlich durchgängig anerkannt und lebendig.

Undank

Nicht immer wird Dank geübt, wo Dank gebührt, nicht immer erfüllt sich die Sehnsucht nach Dankbarkeit. Undank verletzt tief, gleichgültig, ob eine Beziehung des Schenkens-Dankens unter Gleichen – etwa Ehepaaren oder Freunden – oder unter Ungleichen – etwa Älteren mit Jüngeren – besteht. Wer oft und viel gegeben hat und keine Zeichen der Dankbarkeit erhält, wessen Selbstlosigkeit im Geben bis aufs Äußerste geprüft worden ist, dem kann der empfundene Undank die Seele zernagen. Die Reaktion auf Undank kann zu einer negativen Kraft anschwellen, die schwer zu bändigen ist. Diese Kraft zerstört gute Erinnerungen an Einheit und Vereinigung in Liebe und Freundschaft und Güte in Gesprächen. Sie zerstört positive Gefühle, die um eine Person entstanden sind. Jene, die das einmal geschehene Gute, das zwei oder mehr Menschen in der Vergangenheit verbunden hat, nicht in einer Haltung der Dankbarkeit akzeptieren, zerstören nicht nur diese damals vorhandene Verbindung, sie negieren gewissermaßen die Vergangenheit, das damals gelebte Leben.

Wie Eifersucht vergiftet empfundener Undank das Leben. Die Mühe um einen Menschen, die Liebe zu ihm, die guten Wirkungen, die man durch diese Mühe erleben durfte, werden in bitteres Bedauern gekehrt, wenn jener Mensch sich über den moralischen Imperativ der Dankbarkeit hinwegsetzt. Undank raubt nicht nur von der angesammelten Lebenssubstanz, die sich in Erinnerungen und vielfältigen Lebensäußerungen ausdrückt, sondern er lähmt das Weiterleben. Dankbarkeit stellt das geistige Gleichgewicht *zwischen* zwei Menschen her und ebenso das Gleichgewicht *in* der Seele dieser beiden Menschen. Dankbarkeit ist eine Handlung der *gerechten* Verteilung und Gewichtung. Undank verwirft für beide Menschen dieses Gleichgewicht. Undankbare Menschen fehlt es an Gerechtigkeitssinn und besonders an dem intuitiven Verständnis für den geistigen und seelischen Zustand anderer Menschen.

Undankbare machen sich die materiellen Gaben und emotionalen Zuwendungen des anderen opportunistisch zunütze, sie dehumanisieren den Geber zu einem Objekt des Gebens. In der Sprache Martin Bubers: Undankbare machen das Du zu einem Es. Menschen, die mit dem Undank der anderen kämpfen, wird ebendies bitter bewusst: Sie werden ausgenutzt; die Haltung, mit der sie gegeben haben, wird weder erkannt noch anerkannt. Der Undankbare ist unfähig oder nicht willig, diese Haltung zu würdigen und Dankbarkeit zu üben.

Zur Dankbarkeit gehört *Treue*. Beides, Dank und Treue, feiert Elemente der Kontinuität in unserem Leben, das sich doch immerzu verändert. Undank stürzt unser Leben in den Wirbel immer neuer Veränderungen und Unsicherheiten. Es gibt nichts, woran man sich halten kann, was Bestand verspricht.

Zu Undank werden jene Menschen verleitet, die von Anfang an Dankbarkeit als *eine Last* empfunden haben. Großzügige Menschen haben etwas gegeben, meist solche in gehobeneren Stellungen zum Empfangenden. Die Empfangenden haben nicht ablehnen wollen und nicht Nein sagen können. Doch sie empfanden das Geschenk als Demütigung. Sie spürten, dass durch die Gaben das Oben und Unten, die Herrschaftsverhältnisse wieder betont worden sind. Sie spürten auch, dass die Gebenden Dank erwarten, Dank als ihr Recht empfinden. So wird Dankbarkeit zur Last.

Undank ist in solchen ungleichen Verhältnissen rasch möglich. Sobald sie das Gewollte bekommen haben, drehen sich die Empfangenden um und verlassen den Ort. Arme, also sehr Ungleiche, können, wie schon betont, keine Dankbarkeit entfalten; niemand sollte sie erwarten und über ihren Undank zornig sein. Nur die aus freiem Herzen annehmen können, nicht aus bitterer Notwendigkeit annehmen müssen, sind fähig zur Dankbarkeit.

Dankbarkeit hat, wie wir wissen, mit Gerechtigkeit zu tun. Darum müssen Dankbare abwägen, wie und wie viel Dankbarkeit sie ausdrücken. Zum Beispiel heißt es »Nach dem Tod nur Gutes«. Das will sagen, man soll die Toten nicht kritisieren, also ihnen nur Dankbarkeit entgegenbringen. Erfüllt das die Pflicht zur Gerechtigkeit? Die nur Gutes über einen Verstorbenen sagen, dessen Gutheit wird zu allgemeiner Verklärung herabgewürdigt. Glaubwürdig ist nur die differenzierte Würdigung, also der differenzierte Dank. Allerdings verklärt sich die Erinnerung mit den Jahren. Solange keine Erinnerungen an Verletzendes und Demütigendes, an Undank bestehen, bleibt eine Haltung der Dankbarkeit, die Fehler und Versagen in ein entschuldigend mildes Licht rückt.

Dankbarkeit entspringt der allgemeinen Erkenntnis, dass wir *nicht allein leben* können. Wir sind als Kinder abhängig von den Eltern, später von Lehrern, danach sind unsere Kinder und Schüler von uns abhängig. Im Beruf und im gesellschaftlichen Leben besteht eine Vielzahl von notwendigen gegenseitigen Abhängigkeiten, ohne die wir nicht leben können. Diese Beziehungen der Abhängigkeit sind entweder naturgegeben oder gesellschaftlich unabwendbar. Dies einzusehen ist ein Akt der Demut; in diese Abhängigkeiten einzuwilligen demütigt niemanden. Es entsteht ein Kosmos von Beziehungen, der, wenn er harmonisch ist, einen Kosmos von Dankbarkeit entfaltet, und das heißt: von positivem Lebensgefühl, von positiver Annahme der Vergangenheit und Versicherung der Treue in der Zukunft.

Bisher habe ich betont, dass Dankbarkeit auf Personen und einen personalen Gott gerichtet ist. Wenn die Haltung der Dankbarkeit in uns gefestigt ist und wir sie als Lebensinhalt schätzen, dann kann sich das Gefühl der Dankbarkeit über Personen hinaus ausbreiten: Wir sind dankbar der Schöpfung – der Natur, dem Wind, den Sternen. Eine kosmische Dankbarkeit entfaltet sich in uns.

Der Dankbarkeit wachsen Flügel. Der kosmische Dank ist oft das Lebensgefühl eines fortgeschrittenen Alters, in dem man rückblickend spürt, wie sich »alles wunderbar gefügt« hat, wie auch die eigenen Fehler im großen Lebensplan eingebaut sind und, entschuldigt, ihren Sinn bekommen haben.

Wir sind dankbar der Sonne, wir spüren Dank für jeden neuen Tag und sprechen den Dank jeden Morgen aus.

Wir sind dankbar für die Werke großer Künstler, großer Musiker und großer Schriftsteller – wie konnten sie solche Werke schöpfen? Wir stehen ihnen in erstaunter, unfassbarer Dankbarkeit gegenüber.

Dankbarkeit kann friedenstiftend wirken. Vielleicht ist Dankbarkeit wie die Gewaltlosigkeit (*ahimsā*) eine Methode, um Menschen für sich, also für die Harmonie und den Frieden in der Gesellschaft zu gewinnen; vielleicht ist es ein Mittel der Überzeugung.

Wer Dankbarkeit als Grundgefühl seiner Existenz wählt, kann niemals wirklich verzweifeln.

7
Erinnern und Vergessen

Tell me it is not true!

Yoko Ono
auf dem Weg ins Krankenhaus
mit ihrem erschossenen Ehemann John Lennon

Erinnern und Vergessen sind Vorgänge, über die wenige reflektieren. Es sind Tätigkeiten, die wir nicht bewusst wahrnehmen. Sie sind in den Prozessen unseres Alltags automatisierte Elemente, darum problematisieren wir sie kaum. Doch ohne Erinnern wäre unsere Vergangenheit tot, ohne Vergessen wären unsere sinnenhaften Wahrnehmungen und unsere innere Aufnahmefähigkeit überlastet. Beides brauchen wir zum Leben.[32]

Die Willkür der Erinnerung und ...

Im Allgemeinen erinnern wir uns in Bildern und in Worten, die keinen Zweifel daran lassen, dass sie die Wirklichkeit der

---

32 Das großartige Buch von Harald Weinrich, *Lethe. Kunst und Kritik des Vergessens* (C. H. Beck Verlag, München 1997), hat die Niederschrift dieses Kapitels von Anfang bis Ende begleitet.

Vergangenheit widerspiegeln. *So* war es!, behaupten wir arglos. Doch unsere Erinnerung wählt aus, fasst zusammen, vereinfacht, manipuliert; die Erinnerung erfindet Nie-Geschehenes dazu und »vergisst« anderes. Die Erinnerung speist sich aus den komplexen Kräften des Unterbewusstseins ebenso wie aus den Bildern und Worten unseres bewussten Erinnerungsschatzes. Beides mischt sich und präsentiert uns ein vielschichtiges und sich immerzu wandelndes Gebilde.

Es gibt »Erinnerungsorte«, Orte also, die bestimmte Erinnerungen evozieren; es gibt Düfte und Bilder und Laute, die jedesmal bestimmte Erinnerungen hervorrufen oder ähnliche oder manchmal recht verschiedene, je nachdem in welchen aktuellen Kontexten man lebt. Es gibt Erinnerungsketten, die so kompliziert sind wie chemische, die aber kaum, so wie jene, gesetzmäßig vorherbestimmbar sind. Das Ergebnis sind »wirklichkeitsverfremdende Erinnerungen«. Aber woher können wir wissen, ob das Endglied wirklichkeitstreu oder wirklichkeitsfremd ist? Gibt es eine objektive Kontrolle, die wir ausüben können? Was ist und wo ist Wirklichkeit?

In einem Interview mit dem in Indien lebenden Journalisten und Lehrer Holger Schäfer ging die Schriftstellerin Katharina Hagena (*Der Geschmack von Apfelkernen,* Köln 2008), offensichtlich gelassen, so weit zu sagen: »Ich glaube, dass Erinnerung immer Fiktion ist.«[33]

Eine erschreckende Aussage! Ist das Feld der Erinnerung also einer Wüste ähnlich, über die der Wind weht und die Körnchen einmal dorthin, dann anderswohin bläst? Kehrt man eine Stunde später an denselben Ort zurück, sieht die Wüste anders aus und die Frage erscheint: War es *wirklich*

---

33 http://www.goethe.de/ins/in/de/lp/kul/mag/lit/bua/20422069.html

derselbe Ort? – Selbst wenn der Ort derselbe geografisch fixierbare wie eine Stunde zuvor war, ist er dennoch ein anderer geworden, weil er in einer späteren Zeit wahrgenommen wird. Die Zeit verändert den Ort, weil ein Ort aus der Vergangenheit nur durch die *Erinnerung* »gegenwärtig« gemacht werden kann. Die Erinnerung lässt denselben Ort einmal so, einmal anders erscheinen. Denn die Erinnerung ist keine Dienerin unserer Wahrnehmung, sondern eine Herrin, die nach Gutdünken hinzufügt und unterdrückt.

»Nach Gutdünken«? Hat die Erinnerung einen eigenen Willen? Ist sie von uns getrennt und führt ein Eigenleben? Nach welchen Regeln und Methoden ordnet sie die Masse ihrer Erinnerungsbilder, -worte, -gerüche und -geräusche und alle Erinnerungswahrnehmungen, die Stimmungen, Eindrücke von Menschen und Situationen, die erinnerten Urteile? Die Psychologen haben darauf Antworten, allerdings vielfältige Antworten, nichts Eindeutiges, woran wir uns festhalten könnten. Sie sprechen vom Unterbewusstsein und dem Unbewussten, von Archetypen und Kleinkindeindrücken, die weiterwirken.

Das Misstrauen in die Wahrheitstreue der Erinnerung, das heißt, in die Fähigkeit der Erinnerung, die damalige Wirklichkeit, wie sie ein Mensch zu jenem vergangenen Zeitpunkt subjektiv erlebt hat, in der Gegenwart zu reproduzieren, erfasst auch die Forscher. Die Erinnerung ist ein Unbekanntes, das in unserem Verstand und unseren Gefühlen, in unserem gesamten Körper und tief in der Seele wühlt und wirkt, sucht und tröstet.

Doch ebenso bedrohlich kann das *Vergessen* sein, denn auch dies ist selektiv, ist bewusst und systematisch kaum steuerbar, es nimmt weg von uns, löscht aus oder drängt Bewusstseinsinhalte in Kammern des Unbewussten oder der Instinkte oder der Intuition, wo sie in einer Art Komaschlaf liegen. Das Vergessen handelt nicht, aber es wirkt weiter und beeinflusst unser Handeln auf eine uns unbekannte Weise. Das Vergessen stelle ich mir vor wie eine flüssige Substanz, die langsam den Erdboden durchwirkt und ihm Fruchtbarkeit nimmt, ihn weniger vielfältig, karger macht oder aber ihm neue Fruchtbarkeit zuführt und unbekannte Blumen blühen und Früchte reifen lässt.

Plötzlich, wir wissen selten, durch welchen Impuls hervorgerufen, öffnen sich die Türen dieser Kammern einen Spalt und entlassen einige Inhalte ins Bewusstsein. Die lange Dunkelheit hat diese Inhalte aber geheimnisvoll verwandelt, sie haben sich vermischt oder sind reduziert oder aufgebläht. Sie sind erkennbar, aber erscheinen dennoch verschieden von vorher, wobei wir schließlich nicht mehr ahnen, wie sie anfangs waren. Halten wir inne und überlegen: Warum habe ich damals so gehandelt? War es gerecht? War es moralisch? Nicht selten verstehen wir uns dann selbst nicht. Menschen, die *wahrhaftig* leben wollen, verzweifeln manchmal an der Unzuverlässigkeit der Erinnerung und des Vergessens.

Projiziert auf unser gegenwärtiges Alltagsleben, können diese Einsichten nur Unsicherheit auslösen. Wir müssen uns fragen: Wie sollen wir heute so leben, dass unsere Lebensweise mit ihren Entscheidungen auch später noch in unserer Erinnerung unserem Anspruch der Wahrhaftigkeit genügt?

Wir lesen von den langwierigen Versuchen der Gerichte, die Wirklichkeit festzustellen. Was ist geschehen? Wer hat was getan und es wann gesagt? Welches war die Sequenz des Geschehens? Wer lügt, wer sagt bewusst oder unbewusst die halbe Wahrheit (was ist eine »halbe Wahrheit«?); wer verwechselt oder verfälscht etwas? … Hundert Möglichkeiten, die Wirklichkeit »falsch« zu erinnern, eine Sache vergessen zu haben und sich dessen bewusst oder eben nicht bewusst zu sein!

Mein Onkel mütterlicherseits kam als junger Mensch aus dem Zweiten Weltkrieg zurück. Ein Bruder wurde getötet, Onkel Hans kam zurück, jedoch mit sehr schwachem Magen. Ich erlebte seit meiner Kindheit, wie er Haferschleim aß, wenn andere in saftige Steaks bissen. Er war anfällig für verschiedene Krankheiten und durfte nervlich nicht belastet werden. Aber er tat seinen Dienst als Lehrer am Gymnasium und war ein vorbildlicher Familienvater. Vom Krieg erzählte er gern, oft mit Humor gewürzt, oft stolz über manche Abenteuer, die er zum Besten gab.

Im Jahrzehnt vor seinem Tod, schon in hohem Alter, veränderte sich sein Bewusstsein. Onkel Hans verlor während seiner Rede auf einer Geburtstagsfeier plötzlich den roten Faden, begann unzusammenhängend zu sprechen und setzte sich dann hin, ohne abzuschließen. Seitdem war sein Bewusstsein getrübt, er redete von den Russen, die ihn bedrohten, von gefallenen Kameraden, von Schrecken und Angst. Auch körperlich verlor er seine Kräfte, konnte bald nicht mehr selbständig gehen, zum Schluss nicht allein essen – er wurde ein spätes Opfer des Krieges. Wieso? Die Erinnerungen – die so lange »vergessen« oder verdrängt worden waren, die erinnerte harsche Wirklichkeit, die er so lange nicht hatte wahrhaben wollen – drängten ins Wachbewusstsein und zerrütteten ihn.

Passieren kann dies jedem. Die Ergebnisse des Vergessens und Wieder-Erinnerns müssen nicht krankhaft sein, sie können positiv sein, uns erheitern oder uns aus unserer Eitelkeit reißen oder aus einer Ich-Verblendung lösen. Die Vexierspiele der Erinnerung! Häufig versuchen sie alte Schuld aufzuarbeiten, dem Gewissen nicht gehaltene Versprechen aus kaum erinnerter Vergangenheit vorzuhalten … Es ist die Vergangenheitsbewältigung der Seele, die noch im gegenwärtigen körperlichen Leben einsetzt und unsere Leben begleitet, manchmal verfolgt und wohl nach dem Tod weitergeht. Christlich gesprochen: Das Fegefeuer beginnt heute.

Sigmund Freud bestand darauf, dass im Haushalt der Seele nichts verlorengehe. Es ist eine erschütternde Erkenntnis, denn wie gern würden wir bestimmte Taten und Gedanken ungeschehen machen! Wie tröstlich, wenn nach Reue und Sühne die einmal aufgeladene Schuld sich in unwiederbringliche Vergessenheit auflösen könnte. Aber alles bleibt und wirkt potenziell weiter! Das Leben in seiner vollen heiligen Schöpfungskraft bleibt und bleibt.

Durch ein Ineinandergreifen von Vergessen und Erinnern, Fantasie und gelebter Wirklichkeit wohnen wir Menschen, je länger das Leben dauert, desto intensiver, in mehreren »Wirklichkeiten«. Wobei die Grenzen zwischen erlebter und imaginierter Wirklichkeit durchlässig und vielfach gebrochen sind.

Diese Wirklichkeiten können unsere Wertevorstellungen durcheinanderbringen. Unsere Hierarchien, was uns wichtig und weniger wichtig, notwendig und entbehrlich, was falsch und richtig ist, werden fraglich. Das Traumhafte, ja, etwas

Gespenstisches und Surreales treten in unser Leben ein, was wir nie vermutet hatten.

Diese Erinnerungswirklichkeiten, die unser Alltag mit seiner eingeschliffenen Routine verdeckt, werden offenbar meist durch einen plötzlicher Schock, eine Krankheit, sei es die eigene oder eines lieben Menschen, durch empfundene Todesnähe, eine heftige Angst, eine plötzliche Offenlegung eigener Schwäche oder eines Versagens. Es lässt uns in unseren Abgrund blicken.

Ausgelöst von einem solchen Schock, tritt uns unsere Situation mit existenzieller Wucht vor Augen: Wir schwanken zwischen Gegenwart und Erinnerung und Vergessen her und hin. Der Abgründigkeit unserer Existenz gewahr, erfasst uns ein metaphysischer Taumel.

Darauf lautet die erste Antwort: Es ist gut, sich dessen gewahr zu werden, und dennoch sollen wir versuchen, den Sinn für das Wirkliche mittels *kritischer Selbstbeobachtung* zu erhalten. Nur so haben wir die Chance, das Leben in Wahrhaftigkeit nicht zu verlieren.

Ein hinduistischer Begriff hat dieses menschliche Dilemma ergründet und beschrieben: *karma* ist das unerbittliche Gesetz, dass jedes Tun seine Früchte bringt. Sei das Tun »gut« oder »schlecht« – was immer diese Begriffe hier bedeuten –, es hat seine entsprechenden Folgen. Auch hier: Nichts geht verloren, weder vom Guten noch vom weniger Guten. Jede Handlung hat ihr ureigenes Gewicht, das unweigerlich spätere Handlungen und deren Wertungen beeinflusst oder auslöst. Triebe und Neigungen, Vorlieben und Gebräuche, Intelligenz und das emotionale Geflecht einer Person – alles ist angelegt in der Vergangenheit – womöglich in der Vergangenheit früherer Geburten – und wirkt in die Gegenwart hinein und fort in die Zukunft.

Erinnern und Vergessen als Selbstreinigung

Es gibt ein *heilsames, ein läuterndes Erinnern* gerade in den Religionen. Das Christentum ist in seinem Wesen ein Kult des Erinnerns, der *Nachfolge Christi*. Die heilige Messe der Katholiken ist eine rituelle Vergegenwärtigung eines Urgeschehens – des Todes und der Auferstehung Christi. Der Hinduismus kennt ebenso zahlreiche rituelle Möglichkeiten, die Mythen nachzufeiern, sie also wieder in die Gegenwart zu integrieren. Die üblichste ist die *pūjā*. Der Priester oder die Priesterin bitten Gott, in einer Lehmstatue Wohnung zu nehmen, woraufhin Gott als ein Gast verehrt wird. In der *Rāmlilā* wird das Leben von Gott Rama theatralisch nachempfunden. In den *jātrās,* dem Bauerntheater, werden die Göttermythen auf oft burleske Weise ausgestaltet.

Diese und viele andere im frommen Volk verankerte Möglichkeiten, Erinnerung zu pflegen, werden allerdings nicht problematisiert, wie wir soeben Erinnern und Vergessen in ihrer existenziellen Problematik analysiert haben. Es soll ein *heilsames Erinnern* sein – will sagen, durch das einfache Nacherzählen dessen, was die Erinnerung artikulieren kann, sollen Schmerz und Schuld, Trauer und Freude der menschlichen Existenz ins Bewusstsein gehoben und nacherlebt werden. Dieses Nacherleben heilt. Danach können die persönlichen Verletzungen und Anlässe für Trauer und Schuld leichter bewältigt und in die Vergessenheit entlassen werden.

Nāma-japa – das ständige verinnerlichende Wiederholen eines heiligen Namens, dem christlichen Herzensgebet ähnlich –, die *kīrtanas*, gesungene Litaneien, das Singen der »Tausend Namen Gottes«, dies sind einige der zahlreichen Methoden des verinnerlichenden Erinnerns. Hier ist das beständige *Wiederholen* Therapie, Reinigung. Die Wiederholung drängt andere unerwünschte, auch mit Begierden und Ichsucht assoziierte Gedächtnisinhalte in den Hintergrund (ins Unterbewusstsein) und veranlasst eine Konzentration auf einige wenige Inhalte. Vergessen ist nicht durch frontales Geschehen, etwa durch willentliche Unterdrückung und Verdrängung, möglich, sondern indem man das Bewusstsein, und also das Gedächtnis, mit anderen Inhalten – so ausschließlich wie möglich – erfüllt.

Jede Art von Askese oder bewusste Beschränkung, jede Verwesentlichung in den Umständen des Lebens, ist auch ein »Vergessen-Wollen«. Vegetarier sitzen nicht mit Nichtvegetariern am Tisch; Nichtraucher pflegen keine Gesellschaft mit Rauchern, sonst wird die Versuchung zu stark und sie können die frühere Rauchgewohnheit nicht »vergessen«.

Ich erinnere mich an meine emotionale Situation, als ich begann, Bücher und volle Mappen von Mitschriften und kopierten Aufsätzen in die Archive abzugeben. Zuerst war's, als risse ich einen Teil von mir selbst weg. Das Verlustgefühl war schmerzlich. Ich hatte zwanzig Jahre nicht in jene Bücher geschaut, dennoch schrie ich innerlich auf: Nie mehr kann ich in diese Bücher schauen! Das Gefühl der Finalität war erschreckend.

Wir wollen nicht akzeptieren, dass gewisse Verhältnisse sich nicht nur wandeln, sondern unwiderruflich zu Ende sind. Es erinnert uns zu unmittelbar an den Tod. Am liebsten sind uns Änderungen, die als solche nicht wahrnehmbar sind. Die Zeit soll fließen und das Leben in diesen Fluss eingebettet sein. Vieles mag sich ändern, aber eben fließend, nicht abrupt.

Die psychologische Prämisse (und hinduistische Einsicht), dass nichts total zu Ende ist, kann uns nicht trösten. Wir sind zu sehr den Sinnen verhaftete Menschen, die keine Genugtuung dabei empfinden, wenn sie erfahren, dass sich unsere Sinneseindrücke im Unterbewusstsein weiter entfalten. Die Erinnerung an abgeschlossene Verhältnisse ist eher in Bitterkeit getaucht, anstatt Trost zu spenden.

Es war wie ein kleiner Tod, als mich die Lücke im Bücherregal anstarrte. Aber hatte sich die emotionale Beziehung zu jenen Themen, den Autoren, den Büchern nicht schon seit Langem gelockert? War der Stoff nicht schon verarbeitet? Will ich den Rest überhaupt noch in mein Wissen und meine Erfahrung integrieren?

Nach und nach stellte sich Erleichterung ein. Die Lücken machten mich aufmerksam auf volle Regale von Büchern, die ich auch nicht mehr brauchte. Jetzt erschienen sie mir eine Last. Wieder reiste ein Dutzend Pakete in die Archive. Nach und nach konnte und wollte ich nicht mehr im Einzelnen feststellen, welche Bücher ich abgeschickt hatte und welche Themen sie hatten. Ich hatte mich gelöst, das Vergessen als Selbstreinignng war gelungen.

Was hat Bestand?

Unwillkürlich suchen wir Konstanten in unserem Leben, suchen wir nach etwas, das Bestand hat. Jedes Kapitel dieses

Buches ist der Versuch einer Antwort auf diese Frage: Was hat Bestand? Auf welche Worte, welche Grundwerte sollen wir unser besonderes Augenmerk richten und uns darin einüben, um an der Seele unbeschädigt und mit einem Empfinden des Erfülltseins durchs Leben zu kommen? Soll die Freundschaft unser Leitstern sein oder die Einfachheit, sollen wir unser Glück in der Wahrhaftigkeit suchen oder in dem Bewusstsein der Dankbarkeit die Herausforderungen unseres Lebens meistern oder in der inspirierten Muße Erfüllung finden?

Die Kapitelthemen sind meine persönliche Wahl von Worten, die mein Leben geleitet haben und weiterhin begleiten. Ihnen zu folgen gibt mir ein Bewusstsein der Beständigkeit inmitten der Wandlungen des Lebens. Die Leser werden sich ihnen anschließen oder aber eigene Grundworte finden, die ihnen wesentlich geworden sind.

Bleibt das geschriebene Wort! Denn ist das Wort nicht der verlässlichste Erinnerungsschatz? Immer nachlesbar, immer nachprüfbar, wir können unser Gedächtnis immer an ihm messen, uns immer vom geschriebenen Wort aus dem Vergessen herausreißen lassen. Oder sind es Fotos und Videos, die bleiben? Wir beobachten, wie hastig man heute zum Smartphone greift, um einen Augenblick im Bild festzuhalten.

Das Wort und das Bild bleiben. Doch können wir aus Wörtern und Sätzen, Fotos und Videos eine solide Wirklichkeit ableiten? Können sie die Unsicherheiten der Erinnerung überlisten? Können sie die Wirklichkeit in aller Wahrhaftigkeit bannen, auch nur *einen* Augenblick der Wirklichkeit mit ihren unwägbaren Gefühlen und momentanen Gedanken zurückholen? Welche Täuschung, wenn einer von den

Schreibern der Tagebücher, der Memoiren, der Zeitungsarti-
kel, einer der hastigen Fotografen das meinen sollte!

Als junger Mensch habe ich panisch versucht, soeben erlebte Glücksmomente zurückzuholen, indem ich sie mir immer wieder vergegenwärtigte. Die Umrisse blieben, die er-
starrten Bilder, der Gesichtsausdruck bestimmter Menschen,
aber blieb das Wonnegefühl des Glücks? Es flüchtete, je ver-
krampfter ich mich bemühte, desto rascher. Wir können
nichts festhalten. Zwar könnten wir es mit hartnäckigem
Willen, ja, mit Leidenschaft immer wieder versuchen und
wünschen und in diesem Willen verharren. Doch ist das
weise, ist es ratsam, sich gegen die Logik unseres Lebens auf-
zulehnen? Wir können nichts vor dem Vergessen retten.
Ebenso rettet uns nichts vor dem Alles-Bleibt. Es klingt pa-
radox: Es ist ein und dasselbe existenzielle Dilemma.

Wir nannten die Erkenntnis Sigmund Freuds, dass alles
bleibt, was geschehen ist. Gerade diese geniale Intuition tröstet uns nicht. Wenn nämlich *alles* bleibt, sei es offen oder in
den Kammern unserer Seele verborgen, dann sind Reinigung, Läuterung, Klärung, Reifung eben schwer möglich,
oder sie werden oberflächlich und situationsgebunden. Dann
bleibt die Angst, dass die Schuld und die überwunden ge-
hofften Umstände unseres Lebens durch die Ritzen unseres
Unterbewusstseins wie üble Gase ins Bewusstsein zurückflie-
hen. In unserem Her-und-Hingerissensein zwischen dem »O
bleibe doch …!« und dem Horror vor dem Nicht-vergessen-Können muss es eine (Er-)Lösung geben, damit wir in
Frieden mit uns leben können. Welche?

Unser Glaube sagt uns, Gott sei nichts verborgen. Er sehe
alles. Unser Glaube sagt ebenso, Gott verzeihe, er sei ein
gnädiger Gott. Das heißt, er macht *in seinen Augen* unge-

Erinnern und Vergessen

schen, was einst geschah. Wir brauchen die Überzeugung, dass es diese *Gnade* gibt. Sie ist wesentlich notwendig, um von unserem metaphysischen Taumel aufzustehen und festen Boden unter uns zu spüren. Durch Gnade gewinnt alles, *was uns im Leben wichtig ist*, Bestand. Nur durch das Gefühl, dass uns Gottes Gnade erreicht, wächst in uns eine Hoffnung, werden wir erst zukunftsfähig.

Die göttliche Gnade ist jene Wirkmacht, die die Ambivalenzen von Erinnern und Vergessen, die Unsicherheiten des Bewusstseins und Unterbewusstseins, die in uns einen metaphysischen Taumel erregten, auflösen kann. Dann wird es möglich, dass eine andere »Logik« wirksam wird, nämlich das *intuitive Gespür* für die göttliche Führung, die uns durch das schwankende Terrain der unterschiedlichen Wirklichkeiten begleitet.[34]

Übrigens haben die klassischen Theologen des Hinduismus, vor allem jene des Vishnuismus, Karma nicht als unumstößliches Gesetz gesehen. Durch *kripa* oder *anugraha* (Gnade) kann dessen starre Logik aufgebrochen werden, denn der persönliche Gott regiert Karma, er steht nicht im Bann dieses Gesetzes. Ein weiterer Begriff für Gottes Gnade ist bezeichnenderweise *śakti*, wörtlich »Gottes Kraft«. Es ist jene Kraft oder Energie, die sich wie ein Strahl auf die Menschen und Geschöpfe richtet, die erst durch Shakti ihre Lebensfähigkeit erlangen. Sie ist das feminine Prinzip des Göttlichen und durchwirkt gnadenhaft nicht nur die Geschöpfe, sondern den gesamten Kosmos.

---

34 Über Intuition und innere Führung ist auch in dem Kapitel »Glück und Wahrhaftigkeit« die Rede.

Das Erlebnis der Gnade ist unsere zweite Antwort auf unser Dilemma, nachdem wir als erste Antwort nur kritische Selbstbeobachtung anraten konnten, damit man den Sinn für die Wirklichkeit nicht verliert. Das Erlebnis der Gnade ist eine Erschütterung, aber eine heilsame. Sie hilft uns, uns von der Erkenntnis, dass die Seele nichts vergisst, zu erholen. Das Nicht-vergessen-Können führt uns ins Dunkle, die Gnade öffnet uns für Licht und Energie.

In welchem Augenblick kann sich die Öffnung für die Gnade in uns verwirklichen? Für mich gibt es *eine* Antwort: in der *Meditation*. Damit meine ich nicht das gesprochene Gebet, nicht die durch die Fantasie nachvollzogene Lebensgeschichte Jesu wie etwa in den ignatianischen Exerzitien, nicht die gemurmelte Wortwiederholung wie im Herzensgebet. Damit ist die auf *einen* Inhalt begrenzte meditative Schau gemeint. Patañjali, der Autor des Yoga-Sutra, beschreibt auch für uns gültig: »Wenn (der Geist) von Eindrücken der Erinnerung völlig gereinigt ist, wird er wie entleert von seiner eigenen Form, und es leuchtet nur die Wirklichkeit allein. Diese Betrachtung wird eine vom Denken freie genannt« (Sutre 43).

In dieser zeitweisen Entleerung des Gedächtnisses kann Gnade erkennbar und wirksam werden. Während Christi Kreuzigung ein Symbol für unsere eigenen Leiden sind, unsere Erfahrung des metaphischen Taumels, der Absurdität, ist das Grab Christi das Symbol für das Dunkel unseres Unterbewusstseins, in dem ungeschieden unser Gutes wie Schuldhaftes verborgen liegt. Dann öffnet sich das Grab bei der Auferstehung – das Symbol der ausstrahlenden Gnade – und Christus sagt: »Fürchtet euch nicht!«

Weisheit

Sind wir so weit gekommen, dass wir uns unserem Seelenzustand mit seinen rätselhaften Schwankungen stellen, und wir beginnen, die Gnade in unserem Leben zu spüren und uns ihrer oft unbequemen, sogar schmerzlichen Führung anzuvertrauen, kann sich endlich eine Lebenshaltung einstellen, die ich die Haltung der Weisheit nenne. Mit dem Begriff ist keine sentimentale Unbestimmtheit, kein populäres Dahinreden verbunden. Es ist für mich jener Zustand, den wir erringen, wenn unsere Seele, unsere Gefühle und unser Intellekt *in Frieden* miteinander und mit den Menschen und der übrigen Schöpfung zu leben fähig sind.

Weisheit beinhaltet ein unaufhörliches Ringen mit den inneren und äußeren Widerständen, die dieses Equilibrium verhindern wollen. Weisheit ist immer ein »Trotzdem«, es ist eine kämpferische Haltung. Aber der Kampf findet im Innern statt – nachdem wir die Haltung der Weisheit zumindest erahnt haben. Diese Ahnung genügt, um Frieden zu empfinden sowie die Kraft zu einem solchen Kampf zu gewinnen.

Weisheit bedeutet, dass uns die Blitzschläge des Lebens nicht mehr in dem Maße wie bisher erschüttern. Uns gelingt es, rational und für die Intuition weiterhin offenzubleiben. Uns gelingt es, bei unvorhergesehenen Ereignissen rascher ruhig und wieder innerlich geordnet zu werden und uns auf eine neue Situation umzustellen.

Es gelingt uns, unseren inneren Vorgängen gegenüber weiterhin kritisch und in beobachtender Distanz zu verharren. Wir wissen inzwischen, wie trügerisch das Erinnern ist, wie unberechenbar das Vergessen, wie notwendig dennoch beides ist, um sich in der »Wirklichkeit« zu orientieren und in ihr weiterhin handeln zu können. Weisheit ist, nicht den Willen abzulegen, unsere *conditio humana* zu verstehen, sondern immer weiter zu versuchen, sie tiefer zu erkennen.

Weisheit ist im konkreten Alltag die Fähigkeit, komplexe Lebenssituationen zu definieren und zu meistern. Weisheit ist nie etwas Weltabgewandtes, Fernes, für den praktischen Lebensvollzug Irrelevantes, sondern sie ist in die Lebenspraxis eingebunden.

Weder im persönlichen noch im gesellschaftlichen Leben kann Weisheit gelingen, wenn der natürliche Egoismus und die natürliche Selbstbestätigung gefördert werden. Das scheint mir bei vielen modernen Therapien und Trainingsprogrammen der Fall. Gewiss, die Persönlichkeitskräfte werden gestärkt und gefördert, damit sie sich entfalten können. Aber die Ich-Zurücknahme bleibt immer ein Ziel. Weisheit bedeutet, gesellschaftlich gesprochen, unsere Integration in unsere Gruppen bis zum Ganzen der Gesellschaft.

Ich sehe weise Menschen in jenen, die wahrhaftig leben – ohne sich zu täuschen, ohne die eigenen Möglichkeiten zu überschätzen oder zu unterschätzen, ohne sich und anderen etwas vorzumachen. Ihre Seele, ihre Beziehung zur Gesellschaft, zur Natur und zum Kosmos sind in einem Gleichgewicht und im Frieden.

Nachbemerkung

Alle Kapitel, außer dem über die Freundschaft, sind zunächst als Vorträge gehalten worden, einige mehrmals. Danach habe ich weiter an ihnen gearbeitet und fünf der sieben Kapitel sind in Deutschland und Österreich in verschiedenen Zeitschriften (Christ in der Gegenwart, Stimmen der Zeit, Geist und Leben) erschienen. Nach erneuter Korrektur, nach Änderungen sowie Erweiterungen liegen sie hier als Buch vor.

Als Erstes danke ich der Udo-Keller-Stiftung (Neversdorf und Hamburg), besonders ihrem Geschäftsführer Dr. Cai Werntgen. Die UKS hat mich während der Jahre, in denen dieses Buch wuchs und reifte, ideell und finanziell unterstützt. Ohne sie hätte ich das Buch nicht schreiben können.

Einen großen Dank sage ich Professor Klaus Jork (Darmstadt) sowie Dr. Andreas Batlogg SJ (München). Dr. Christoph Michel, Professor Michael von Brück und Henni Rick haben einige der Texte gelesen und kommentiert; dafür herzlichen Dank. Anderen danke ich in den Fußnoten.

Ein besonderer Dank gilt meinem Lektor Dr. Ulrich Sander, der sofort hellhörig wurde, als ich ihm von diesem Buchvorhaben berichtete und mir mit seinem Interesse den nötigen Schwung zur Fertigstellung gab.

seelisches Wohlbefinden

Martin Kämpchen

lebt seit 1973 in Indien. Am Mittelrhein im Jahr 1948 geboren, studierte er je ein Jahr in den USA und in Paris und verbrachte besonders glückliche Studienjahre in Wien, wo er Deutsche Literatur und Theaterwissenschaft studierte und mit einer Promotion abschloss. Vier Jahre unterrichtete er Deutsch in Kalkutta und kehrte danach an die Universität zurück, und zwar in Madras (heute Chennai). Dort erwarb er den Magisterabschluss in Vergleichender Religionswissenschaft und in Santiniketan, nördlich von Kalkutta, das Doktorat der Visva-Bharati Universität.

Kämpchen ist seit seiner Zeit in Madras freiberuflich als Schriftsteller, Übersetzer und Journalist tätig. Als er 1980 nach West-Bengalen zurückkehrte, wählte er die kleine Universitätsstadt Santiniketan, die von Rabindranath Tagore in dörflicher Atmosphäre gegründet worden war, als seinen Wohnort. Er schrieb seine Doktorarbeit über den Hindu-Heiligen Sri Ramakrishna, den er mit Franziskus verglich, und übersetzte Ramakrishna (Shri Ramakrishna, *Gespräche mit seinen Schülern*. Berlin 2008) aus dem Bengalischen ins Deutsche, ein Buch, das in über fünfundzwanzig Jahren heranwuchs.

Kämpchens besondere Liebe gehört Rabindranath Tagore, dem indischen Dichter und Nobelpreisträger, dessen Lyrik er als Erster umfassend aus dem Bengalischen ins Deutsche übersetzt hat (zuletzt *Rabindranath Tagore, Das goldene Boot*. Lyrik, Prosa, Dramen, Düsseldorf/Zürich 2005 und *Rabindranath Tagore, Gedichte und Lieder*, Berlin 2011). Eine Auswahl erscheint 2016 (*Rabindranath Tagore*, Am Ufer der Stille, Ostfildern 2016). Kämpchen hat Tagores deutsche Biografie geschrieben (*Rabindranath Tagore*. Monographie. Reinbek 2011, 4. Aufl.) und seine Beziehungen zu Deutschland erforscht (*Rabindranath Tagore und Deutschland*, Marbach 2011). Tagores holistisches Lebenskonzept, sein Leben in Gemeinschaft mit Natur, Menschen und Kosmos, ist für ihn Vorbild.

Tagores Inspiration folgend, hat Kämpchen vor dreißig Jahren zusammen mit Menschen aus zwei Stammesdörfern, Ghosaldanga und Bishnubati, begonnen, für deren wirtschaftliche, kulturelle und schulische Entwicklung zu arbeiten. Daraus ist ein weitverzweigtes Projekt entstanden, das von den Menschen in den Dörfern selbst verwaltet und verantwortlich getragen wird (siehe www.dorfentwicklung-indien.de). Sein Entwicklungsmodell beschreibt er in *Leben ohne Armut* (Freiburg im Breisgau 2011).

Auf unterschiedlichen Ebenen will der Autor seinen Lesern Indien nahebringen, etwa durch Erzählungen (*Pfefferkörnchen*, Klagenfurt und Wien 2015), Tagebücher (*Am Abend notiert*, Münsterschwarzach 2015) und als Journalist. Seit 1995 schreibt er kontinuierlich für das Feuilleton der *Frankfurter Allgemeinen* über Indien.

Seit einigen Jahren fasst er seine Lebenserfahrungen in Büchern zur *Lebenskunst* zusammen: *Einfach tun* (Reinbek 2009) und *Vom rechten Maß* (Münsterschwarzach 2014). Das vorliegende Buch *wahrhaftig sein* (Ostfildern 2016) ist der abschließende Band.

www.martin-kaempchen.com

Dichter und Mystiker: Rabindranath Tagore

Rabindranath Tagore
Am Ufer der Stille

Aus dem Bengalischen übersetzt und mit
einem Nachwort zu Leben und Wirken des
Dichters von Martin Kämpchen

128 Seiten
zweifarbig mit 7 Abbildungen
Hardcover mit Leseband, 12 × 19 cm
ISBN 978-3-8436-0823-7

Spricht man im indischen Bengalen von »dem Dichter«, so ist damit
Rabindranath Tagore gemeint, der erste nichteuropäische Träger des
Literaturnobelpreises. Martin Kämpchen, der in Indien lebt und arbeitet,
hat sein Werk aus dem Bengalischen ins Deutsche übersetzt. »Am Ufer
der Stille« bildet eine Auswahl von Tagores religiöser und schöpfungs-
bezogener Poesie. Das Erbe indischer Spiritualität findet sich in seinen
Texten ebenso wie seine seit Kindertagen wache Sehnsucht nach Freiheit.
Mit einem Essay zu Leben und Wirken Tagores.

PATMOS
www.patmos.de

Freundschaft setzt Kommunikation voraus

Wer Dankbarkeit als Grundgefühl
seiner Existenz wählt, kann
niemals wirklich verzweifeln